JN235526

大川隆法
RYUHO OKAWA

守護霊インタヴュー

台湾と沖縄に未来はあるか？

馬英九 台湾総統 vs. 仲井眞弘多 沖縄県知事

まえがき

『台湾』と『沖縄』。二十一世紀前半に、外交判断を誤《あやま》れば、世界地図からその名が消えてしまうかもしれない地域だ。

台湾の優秀な馬英九総統も、大国中国の圧力に屈しかかっているようだ。一方、沖縄の仲井眞県知事は、コウモリのようで、鳥でも獣《けもの》でもなく、日本でも中国でも、良い条件の方に県を売り飛ばしかねない老獪《ろうかい》さだ。

ただ、私が述べたいことは、パワーバランス（力の均衡《きんこう》）のみで未来を考えてはならないということだ。「人々の本当の幸福とは何なのか」「神が地上に実現しようとされる正義とは何なのか」から目をそらせてはなるまい。望《のぞ》ましい未来に向けて一歩一歩努力することが大事なのだ。

二〇一二年　三月二十九日

幸福《こうふく》の科学《かがく》グループ創始者兼総裁《そうししゃけんそうさい》　大川隆法《おおかわりゅうほう》

台湾と沖縄に未来はあるか？　目次

第1章　台湾《たいわん》総統・馬英九《ばえいきゅう》氏守護霊《しゅごれい》インタヴュー

二〇一二年二月二十九日　霊示

第2章　沖縄県知事・仲井眞弘多《なかいまひろかず》氏守護霊インタヴュー

二〇一二年二月二十九日　霊示

2　仲井眞知事の「本心」を探《さぐ》る　

「霊言現象《れいげん》」とは、あの世の霊存在の言葉を語り下ろす現象のことをいう。これは高度な悟りを開いた者に特有のものであり、「霊媒現象《れいばい》」（トランス状態になって意識を失い、霊が一方的にしゃべる現象）とは異なる。外国人霊の霊言の場合には、霊言現象を行う者の言語中枢《ちゅうすう》から必要な言葉を選び出し、日本語で語ることも可能である。

また、人間の魂《たましい》は原則として六人のグループからなり、あの世に残っている「魂の兄弟」の一人が守護霊を務めている。つまり、守護霊は、実は自分自身の魂の一部である。したがって、「守護霊の霊言」とは、いわば、本人の潜在意識にアクセスしたものであり、その内容は、その人が潜在《せんざい》意識で考えていること（本心）と考えてよい。

第1章

台湾《たいわん》総統・馬英九《ばえいきゅう》氏守護霊《しゅごれい》インタヴュー

二〇一二年二月二十九日　霊示

馬英九《ばえいきゅう》〔マー・インチウ〕（一九五〇～）

台湾《たいわん》（中華《ちゅうか》民国）の政治家。香港《ホンコン》で生まれ、まもなく両親と共に台湾に移り住む。台湾大学卒業後、ハーバード大学などで学び、法学博士号《はくしごう》を取得。アメリカで弁護士などをしたのち、台湾に戻《もど》り、台北《タイペイ》市長等を務める。二〇〇八年、台湾の第十二代総統となり、中国との緊張緩和《きんちょうかんわ》を推《お》し進めた。二〇一二年一月の総統選で、民進党《みんしんとう》の蔡英文《さいえいぶん》らを破り、再選を果たしている。

質問者　※質問順

酒井太守《さかいたいしゅ》（幸福の科学理事長 兼 総合本部長）

矢内筆勝《やないひっしょう》（幸福実現党出版局長）

綾織次郎《あやおりじろう》（幸福の科学理事 兼「ザ・リバティ」編集長）

饗庭直道《あえばじきどう》（幸福実現党広報本部長／全米共和党顧問《こもん》〔アジア担当〕）

［役職は収録時点のもの］

1 「台湾と中国の統一」を、どう考えているか

馬英九・台湾総統の守護霊を招霊《しょうれい》する

大川隆法　今日は、馬英九・台湾総統の守護霊と仲井眞弘多《なかいまひろかず》・沖縄県知事の守護霊の霊言《れいげん》を収録したいと思います。

このテーマは、昨日《きのう》の夕方、急に思いついたのですが、「どうやら、これは当会の理事長（収録当時）からのインスピレーションであったようだ」ということが判明しています。ただ、私は特に準備してきていないので、うまくいくかどうかは分かりません。

狙《ねら》いとしては、要するに、「台湾と沖縄がどうなるかを知りたいので、とりあえず、統治者の側《がわ》にある人の本音を探《さぐ》り、本心がどのへんにあるのかを読み取ってみたい」ということでしょうか。もっとも、この人たちの考えだけで物事が決まるかどうかは

分かりません。

仲井眞さん本人は、かなりフニャフニャとした言い方をする人であり、外からは本音が分からない人かもしれないのですが、守護霊を呼んで本音を探り出すのは当会のいつもの手です。

一方、馬英九さんのほうは台湾人ですし、その守護霊との対話はファーストトライなので、やや難しいかもしれず、うまくいくかどうかは分かりません。

馬英九さんは、中国語で発音すると、マー・インチウさんですね。

マー・インチウさんは、祖籍《そせき》は中国の湖南省《こなんしょう》です。香港《ホンコン》の九竜《クーロン》で生まれ、それから両親と台湾に移り住み、台北《タイペイ》市で育ちました。台湾大学の法学部を卒業したあと、奨学金《しょうがくきん》を得てアメリカに留学し、ニューヨーク大学大学院の修士課程とハーバード大学大学院の博士《はくし》課程を卒業しています。ＣＮＮに出演し、英語で対談したことがあるとのことなので、英語にはかなり堪能《たんのう》なのではないでしょうか。

霊言の収録を中国語でやれるかどうか、分からないので、もし私の日本語の言語中枢《ちゅうすう》に入ってくることができたら、それを使いたいと思います。入ってこられない場合には、英語での霊言になるかもしれません。

中国語の場合には、私の表面意識が起きていると、霊言をするのは少し厳しいのではないかと思います。エドガー・ケイシーのように、眠《ねむ》りながら行うのなら、もしかしたら話せるかもしれないと思いますが、それだと、何を話しているか、私には分からなくなってしまいます。

このように、今回の収録には、やや不確定要因があるので、質問者たちにとって、得意の〝突《つ》っ込《こ》み〟ができるかどうかは分かりません。

本人は、過去、いろいろなことを言っているようです。そのため、はっきりした考えが読めるわけではないのですが、「中国とアメリカと日本に挟《はさ》まれ、微妙《びみょう》な難しい行き方をしているのではないか」と感じられますし、どこまでが本心なのかが分からない状態です。

今回の総統選では再選が危なかったものの、彼は何とか勝ちました。最大の相手は民進党《みんしんとう》の蔡英文《ツァイインウェン》さんでしたが、彼が勝ったので、これにより、「台湾は、どうなるか」が問題ですね。

霊言収録がうまくいくかどうか分かりませんが、頑張《がんば》ってみましょう。

（大きく息を三回吐《は》く。瞑目《めいもく》し、両手を胸の前で交差させる）

馬英九台湾総統の守護霊よ。馬英九台湾総統の守護霊よ。どうか、幸福の科学総合本部に来たまいて、われらに、台湾の行く末《すえ》について、また、台中関係や、台湾と日本との関係、アメリカとの関係等、日本人にも大きな影響《えいきょう》のある事柄《ことがら》の未来に関し、意見を述べたまえ。

台湾の国民党の馬英九主席よ。総統選挙での勝利、おめでとうございます。どうか、幸福の科学総合本部に来たまいて、われらに、その本心を明かしたまえ。われらに、その意見を開陳《かいちん》したまえ。

（約五十五秒間の沈黙《ちんもく》）

「中国との統一」は台湾だけでは決められない

馬英九守護霊　うーん。うーん。うーん。うーん。うーん。うん。

酒井　おはようございます。

馬英九守護霊　うー。うー。あー。

酒井　馬英九総統でございますか。

馬英九守護霊　あーう?　あー、ニンメンハオ（こんにちは）。

酒井　日本語を話すことはできますでしょうか。

馬英九守護霊　あーう?　うー、うう、うーん。うーむ。うーん。うーむ。おーうわ。うぅーん。うーん。

酒井　日本語を聞いて理解することはできますか。

馬英九守護霊　うーん。まあ。ああ。

酒井　では、私は日本語で話させていただきます。通訳がおりますので、それで進めたいと思うのですが、よろしいでしょうか。

馬英九守護霊　うん。うーん。あー。あー。あー。うーん。ああ。うーん。あー。うー。うー。あーう。あー。うー。あー。うん。うー。うーむ。うむ。うー。うーん。うーん。うーん。うん。うん。う、う、うぃー、うー。うん。うーん。

酒井　よろしいですか。それでは、質問させていただきます。

このたびは、一月の選挙で第十三代総統に当選なさいましたが、再選、本当におめでとうございます。

馬英九守護霊　う、う、うー、う、シェシェ（ありがとう）。

酒井　本日は、「台湾の未来について、お伺《うかが》いしたい」と思い、幸福の科学総合本部にお招きいたしました。幸福の科学をご存じでしょうか。

馬英九守護霊　あー。うー。うん。むー。ああ。（右手でＯＫサインをして）ああ。

酒井　ありがとうございます。

私たち日本人といたしましては、「台湾と共産党支配の中国の関係が、これから、どうなるのか」ということに非常に関心がございます。馬英九《ばえいきゅう》総統は中国との統一問題について……。

馬英九守護霊　マ・イン……、マ、マー・インチウ。

酒井　馬英九《マーインチウ》総統におかれましては、今の中国との統一を、どうお考えでしょうか。それについて、まず、お聴《き》かせ願えればと思います。

馬英九守護霊　80% no. 20% yes.（八十パーセントはノーで、二十パーセントはイエスだな。）

酒井　二十パーセントは、「統一してもよい」と思っているのでしょうか。

馬英九守護霊　It depends. We are in a difficult situation. We can't decide by ourselves because great countries like China, America and Japan have their own will, so we can't decide. It depends. Ahh…… Ohh…… Ahh! Oh! You! I don't like you.（それは場合による。われわれは難しい立場にあるんだ。自分たちだけでは決め

られない。中国やアメリカ、日本といった大国が、それぞれ独自の意志を持っているからね。だから、われわれには決められない。場合による。あー、おー、ああ！〔両手を振《ふ》ったあと、右手で机を叩《たた》く〕おお！　おまえは何だ！　おまえのことは気に入らない。）

酒井　Why?（なぜですか。）

馬英九守護霊　Evil man.（悪いやつだ。）

酒井　Why?（なぜですか。）（苦笑）私が何かよくないことを考えていると思っておられるのでしょうか。

馬英九守護霊　You came from Hell.（おまえは地獄《じごく》から来たんだな。）

酒井　「下の世界から来たのだ」と？

馬英九守護霊　Yeah. You are a demon.（そうだ。おまえは悪魔《あくま》だ。）

酒井　（苦笑）あなたは天国の方《かた》でございますか。

馬英九守護霊　Of course, of course. I'm a god.（もちろん、そうだ。私は神だ。）

酒井　台湾の未来と、「私が〝下の世界〟の者だ」ということとは、何か関係がありますでしょうか。

馬英九守護霊　Of course, of course. We are excellent people. Excellent people.（当然だ。われわれは優秀《ゆうしゅう》な民《たみ》だ。優秀な民なんだ。）

酒井　はい、はい。

馬英九守護霊　You are evil people.（おまえたちは悪いやつらだ。）

酒井　分かりました。

台湾の経済的繁栄《はんえい》のためには、「国家」より「お金」を選ぶ

酒井　もし、「台湾と共産党支配の中国とが統一される」ということになった場合、台湾の未来は、どのようになるとお考えでしょうか。

馬英九守護霊　We need negotiations. We need negotiations before we end up in such a difficult situation. We need negotiations with China. We require the same conditions as Hong Kong. We must keep prosperity in Taiwan. And whether we become "married" to China or not depends on the people's opinion at that time. I like America also, the United States of America. I cannot see the conclusion of the future relationship between China and America, so please teach me about that. Which will be stronger in the near future?（交渉《こうしょう》が必要なんだ。そのような難しい状況《じょうきょう》になる前に、中国と交渉する必要がある。われわれは香港と同じような条件を望んでいる。われわれは台湾の繁栄《はんえい》を保たなければならないんだ。そして、中国と〝結《けっ》婚《こん》する〟〔結び付く〕かどうかは、そのときの人々の意見による。私はアメリカも好きだよ。ただ、中国とアメリカの関係が将来的にどうなるか、まだ結論が見えないんだ。だから、それについて教えてくれよ。近い将来、どちらが強くなるんだね？）

酒井　中国とアメリカですか。

馬英九守護霊　Uh-huh.（そうだ。）

酒井　うーん。もしかしたら、中国が強くなるかもしれません。

馬英九守護霊　Then, we like China.（そうであれば、われわれは中国が好きだね。）

酒井　それでよろしいのでしょうか。二〇一〇年に温家宝《おんかほう》首相の守護霊をお呼びしたとき（『温家宝守護霊が語る　大中華帝国《だいちゅうかていこく》の野望』〔幸福実現党刊〕第1章参照）、温家宝首相の守護霊は、「台湾は、『経済的な自由を保障してくれなければ一緒《いっしょ》になれない』と言っている」と述べて、歓心を買おうとしていました。

馬英九守護霊　Yeah, yeah, yeah, yeah.（そうだ、そうだ。）

酒井　ええ。「そう言っている」と。そして、彼の本音としては、「台湾を取るまでは、中国は香港に対して何もしない。『台湾を香港と同じようにしてあげる』ということで、台湾を取るまでは、香港をほったらかしにしておいて、台湾を取ったあとは、ほぼ、チベットなどと同じようにする」と……。

馬英九守護霊　You are a devil. You speak ill of……（おまえは悪魔だ。悪口を言う。）

酒井　温家宝首相の守護霊が言っていましたが、中国人が、台湾のことを、もう、「台湾省」と呼んでいることを、あなたはご存じですか。

馬英九守護霊　We Taiwanese also say so. "Taiwan-sho."（われわれ台湾人も、そう言っているよ。「台湾省」とね。）

酒井　そうですか。それでよろしいんでしょうか。

馬英九守護霊　I don't mind anymore. We just need economic prosperity……（もう気にしていない。われわれには、ただ経済的繁栄が必要なんだ。）

酒井　それだけでよろしいんですね。

馬英九守護霊　……and freedom.（そして、自由だ。）

酒井　では、経済的繁栄が維持《いじ》されれば、どんなことをされても……。

馬英九守護霊　It's because you Japanese already denied our country and we were "exiled" from the United Nations. We are a country and we are not a country. It is very difficult to express.（あなたがた日本人だって、すでに、われわれの国を否定したではないか。われわれは国連から追放された。われわれは、国であるのに、国ではないんだ。表現するのが非常に困難なんだよ。）

酒井　そのお立場は分かりますが、言論の自由や信教の自由など、もし自由というものがなくなったら、どうなりますでしょうか。

馬英九守護霊　No, no, no. The problem is choosing between money and nationality.（いや、違《ちが》う。問題は「お金」と「国家」のどちらを選ぶかだ。）

酒井　どちらを選ばれますか。

馬英九守護霊　Money.（お金だよ。）

酒井　マネーですか。

馬英九守護霊　Uh-huh.（そうだ。）

酒井　そういうことをして滅《ほろ》びた国が多くあるのは、ご存じでしょうか。

馬英九守護霊　I can't understand you.（おまえの言っていることが理解できない。）

酒井　例えば、カルタゴという国も滅びましたよね。

馬英九守護霊　Carthage was different. Very different.（カルタゴとは違う。まったく違う。）

2　馬英九守護霊の「日本観」とは

台湾と中国の統一に「日本は関係がない」

酒井　台湾について詳《くわ》しい者がおりますので、質問者を替《か》えさせていただきます。

矢内　私は、幸福実現党の出版局長をしております矢内と申します。

馬英九守護霊　Ya-na-kanji.（やな感じ。）（会場笑）（注。この時点で、しだいに日本語の言語中枢《ちゅうすう》に入ってき始める。）

矢内　（苦笑）一月の総統選のとき、私は台湾へ選挙の視察に行ってまいりましたが、現地で、台湾のみなさんのお話を伺《うかが》ったりして、いろいろと調べましたところ、今回の選挙で、馬《マー》総統の国民党に対し、中国の共産党がかなり露骨《ろこつ》な支援《しえん》をしていたと聞いています。

例えば、今、中国大陸には、台湾人のビジネスマンとその家族が百万人くらい住んでいるのですが、中国共産党は、総統選挙に合わせて、わざわざチャーター便を増発し、その値段を六割や五割もダンピングして、二十万人くらいの台湾人が選挙のために台湾へ帰れるようにしました。しかも、「しっかり国民党に投票するように」というようなかたちで促《うなが》し、支援をしたというのです。そういう話を聞いております。

また、民進党の支持基盤《きばん》である台中《たいちゅう》など南のほうでは、かなり中国共産党が農産物や海産物を高値で購入《こうにゅう》したりしていました。そういう露骨な買収工作のようなこともした結果、国民党のあなたが当選したわけです。

また、台湾の財閥《ざいばつ》も、ある意味で、「中国とうまくやっていかなければ、もう経済が成り立たない」ということで、かなり締《し》めつけをされて……。

馬英九守護霊　Ya-na-kanji.（やな感じ。）

矢内　（苦笑）（会場笑）

馬英九守護霊　Ya-na-kanji. Ya-na-kanji. Evil, evil……, you are an evil person too.

You are devils. Are you friends?（やな感じ。やな感じ。あんたも悪人だね。あなたがたは悪魔《あくま》だ。あなたがたは友達かい？）

矢内　ええ、友達です。

酒井　Yes.（はい。）

矢内　こういう中国の動きについては、当事者である候補者として、どのようにお感じになっていましたか。

馬英九守護霊　関係ない。君、関係なーい。君、中国人か？

矢内　いいえ、日本人です。

馬英九守護霊　なら、関係ない。関係ない。

矢内　ただ、「台湾が、これから、どうなるのか」ということを……。

馬英九守護霊　関係ない。き、き、君、関係ない。

矢内　中国に併呑《へいどん》されるのか。あるいは、独立しているのか。

馬英九守護霊　君、関係ない。

矢内　それは、日本にとって、非常に大きな意味を持ちます。

馬英九守護霊　日本、関係ない。日本、関係ない。日本は日本。勝手に。勝手、勝手。日本、勝手。関係ない。うん。台湾は台湾。

矢内　ただ、台湾は、かつて日本の植民地でありました。

馬英九守護霊　悪い。悪い。悪いわなあ。しゃ、謝罪、謝罪。

矢内　やはり、日本も、台湾の未来に、ある意味で責任を持っておりますので……。

馬英九守護霊　ない、ない、ない、ない。全然ない。関係ない。うん。勝手にやる。勝手にやる。勝手にやる。日本、勝手にやる。中国に負ける。さよなら。バイバイ。

「親日《しんにち》」の李登輝《りとうき》元総統は「洗脳されている」？

矢内　日本と中国のどちらが好きですか。

馬英九守護霊　日本、ノー、ノー。日本、ノー。日本、ノー。

矢内　日本は、あまりお好きではない？

馬英九守護霊　うーん。日本、よくない。

矢内　よくない？

馬英九守護霊　よくない。

矢内　なぜですか。

馬英九守護霊　うーん。日本、悪いことするためにできた国。日本なければ、中国、幸福。台湾、幸福。

矢内　そうですか。かつて台湾の総統でいらっしゃって、日本が台湾を統治していたとき、非常に……。

馬英九守護霊　李登輝《りとうき》ね。李登輝、古いよ。

矢内　古い？

馬英九守護霊　うん。古いよ。あれ、洗脳されてる。

矢内　李登輝さんは非常に「親日《しんにち》」でいらっしゃいましたね。

馬英九守護霊　李登輝、古いの。もう過去の人ね。Old man.（過去の人。）

矢内　Old man?（過去の人？）

馬英九守護霊　うん、うん。パー。

矢内　パー？

馬英九守護霊　うん。I'm clever.（私は賢《かしこ》い。）

日本には、何の理念も見解も決断もない

綾織　私は、「ザ・リバティ」という雑誌の者なのですが、ご自身の意識としては、自分を台湾人と思っていらっしゃいますか。それとも、中国人と思っていらっしゃいますか。

馬英九守護霊　うーん。うーん。Too difficult.（とても難しい。）うーん。

綾織　どちらでもない？

馬英九守護霊　うーん。台湾省人。

綾織　台湾省人？　中国のなかの台湾省人ですか。

馬英九守護霊　But different country.（しかし、別の国。）うーん。中国、強い。

綾織　この五月からの四年間の任期で、中国と台湾の統一について、共産党政府と協議をしていくおつもりなのですか。

馬英九守護霊　うーん。アメリカがwithdraw（撤退）したら、併合される。アメリカが戦う姿勢だったら、まだ台湾は台湾。うーん。うーん。It depends on America.（アメリカ次第《しだい》だね。）うーん。

綾織　今、アメリカでは、大統領選の予備選が行われていますが……。

馬英九守護霊　日本、関係ないよ。日本は、Nothing.（関係ない。）日本、Nothing.（無関係。）

綾織　いやいや、海でつながっているので、やはり、中国に対して、同じ立場に立っていると思います。

馬英九守護霊　No idea. No opinion. No decision. No leader. No country.（何の理念もないし、何の見解もないし、何の決断もない。リーダーもおらず、国もない。）

綾織　（苦笑）

馬英九守護霊　日本は海に沈《しず》むよ。

酒井　台湾は沈みませんか。

馬英九守護霊　台湾、浮《う》いてるよ。

自分を神と称《しょう》し、質問者を非難する馬英九守護霊

酒井　台湾の人たちは……。

馬英九守護霊　あんたは悪人よ。

酒井　はい？　その話は、もう結構です。

馬英九守護霊　悪相《あくそう》よ。私、顔相《がんそう》、分かるよ。

酒井　分かりますか。

馬英九守護霊　うん。悪相よ、悪相。あんた、あんた、地獄《じごく》行くよ。

酒井　地獄に行く（苦笑）。

馬英九守護霊　うん、うん。

酒井　あなたは地獄に行かないのでしょうか。

馬英九守護霊　私、神様よ。

酒井　台湾の人たちは、未来において、本当に幸せになりますでしょうか。

馬英九守護霊　知らんよ、そんなこと。

酒井　共産党と一緒《いっしょ》になって。

馬英九守護霊　そんなこと、知らんよ。

酒井　あなたが神様なら、それぐらいのことは考えてくださいよ。

馬英九守護霊　ええ？　神様だって、いっぱいいるんだよ。

酒井　どういう神様なんですか。

馬英九守護霊　うん？　ほかにも、向こうにも神様はいるだろう。

酒井　では、あなたは、「お金さえ儲《もう》ければいい」という神様ですか。

馬英九守護霊　あんた、言葉に棘《とげ》あるよ。

酒井　いやいや、それは……。

馬英九守護霊　宗教修行《しゅぎょう》したほうがいいよ。

酒井　（苦笑）ありがとうございます。では、あとで修行しますけれども、今は、その時間はないので……。

馬英九守護霊　私、悪魔とは違《ちが》うよ。

酒井　いや、悪魔じゃなくても……。

馬英九守護霊　あんたは私を悪魔みたいに扱《あつか》うから許せない。

酒井　（苦笑）いや、悪魔のようには扱っていません。

日本の台湾統治は「サトウキビとバナナを植えただけ」？

馬英九守護霊　これ（酒井のこと）、これ、クビにしてよ。

酒井　悪魔として扱っているわけではなくて、「台湾の人たちが幸せになるかどうか」ということをお訊《き》きしております。

馬英九守護霊　そんなこと、関係ないじゃないか。あんた、日本が幸せになるかどうか、考えなさい。

酒井　いや、台湾……。

馬英九守護霊　あんた、日本に責任持ちなさい。

酒井　われわれは世界に責任を持っているんです。

馬英九守護霊　持ってないよ。

酒井　持っているんです。

馬英九守護霊　ぜーんぜん持ってないよ。

酒井　いや、台湾の人たちは日本とつながりがありますから。

馬英九守護霊　うん。ちょっとはね。ちょっとはね。

酒井　台湾の人たちは本当に共産党の支配を望んでいるのでしょうか。

馬英九守護霊　おまえら、サトウキビとバナナを植えただけだ。で、なーんにもしてない。

酒井　いや……。

馬英九守護霊　威張《いば》るでない。

酒井　日本は台湾で都市計画をつくったではないですか。日本がつくった建物や道路だって、まだ遺《のこ》っているではないですか。それが台湾の発展に……。

馬英九守護霊　ええ？　何言ってんだ。あんなもの、誰《だれ》にでもできる。

酒井　誰にでもできるんですか。

馬英九守護霊　サトウキビとバナナ、それが欲《ほ》しかっただけだ。

酒井　ほかの国は、台湾で、そういうことをしましたか。

馬英九守護霊　うん？　ほかの国は、そんな悪いことしない。

酒井　日本は台湾で道路をつくったり建物をつくったりしました。今も、そういうものを使っていませんか。

馬英九守護霊　うん？

酒井　日本がつくった建物などを。

馬英九守護霊　関係ない。恩着せがましいや。

酒井　いや、恩着せがましいのではなくて、台湾の発展……。

馬英九守護霊　うん？　君らがいなかったら、自分らでやったのよ。

酒井　要するに、あなたは、「日本は嫌《きら》い」というところが、まず……。

馬英九守護霊　日本人ね、台湾人をばかにしてる。日本人、威張ってる。

酒井　威張っていません。

馬英九守護霊　威張ってんだよ。

酒井　台湾人に対して、私は非常に親しみを感じております。

馬英九守護霊　台湾人をばかにしてるし、中国人もばかにしたから、中国は、大きくなって日本を見返してやろうとしてるんだよ。その気持ち分かるよ。

3 「中華帝国主義《ちゅうかていこく》」に、どう対処するか

中国共産党は嫌《きら》いだが、強いから、しょうがない

酒井　やっぱり、あなたは「親《しん》中国」ですね。

馬英九守護霊　「親中国」も何も、中国語しゃべるから、中国人よ。

酒井　中国が好きですね。

馬英九守護霊　好きも嫌《きら》いもないよ。

酒井　いやいや……。

馬英九守護霊　私は中国に生まれて……。

酒井　今の共産党が好きですね。

馬英九守護霊　嫌いよ。

酒井　共産党は嫌い？

馬英九守護霊　嫌いよ。ほんとは嫌いよ。でも、強いから、しょうがないよ。

酒井　それでいいんでしょうか。

馬英九守護霊　「いいんでしょうか」って、どうするのよ。あんた、核《かく》兵器つくって戦う？　台湾、核兵器を落とされたら、すぐなくなるよ。

酒井　では、「そのまま共産党に支配される」という未来でいいのでしょうか。

馬英九守護霊　知らないよ。どうしようもない。

酒井　「知らない」って、あなた（苦笑）。

馬英九守護霊　だって、核武装したって、中国大陸と戦って、なくなるのは、うちの国だと決まってるじゃないか、そんなの。

沖縄から米海兵隊が撤退《てったい》したら、「台湾は中国と〝結婚《けっこん》〟する」

綾織　もし、「アメリカに強い大統領が出てきて、中国に対抗《たいこう》する」ということになったら？

馬英九守護霊　アメリカ、金《かね》ない。中国、金ある。これ、たいへん大きな差だ。

綾織　つまり、あなたは、今の中国との統一を、「もう避《さ》けられない」というように理解されているわけですね。

馬英九守護霊　中国にアメリカは買収されるよ、もうすぐね。中国、金、いっぱい、たーくさん、たーくさん持ってる。で、アメリカ、赤字、赤字。アメリカは日本も売るよ、きっと。中国にね、売り飛ばすから。

酒井　沖縄からアメリカの海兵隊が撤退《てったい》していった場合……。

馬英九守護霊　あ、もう、それ駄目《だめ》ね。もう、その段階で、私、中国と〝結婚《けっこん》〟するね。

酒井　結婚する？

馬英九守護霊　うん、うん。

酒井　台湾の人々は、本当に、それでいいのでしょうか。

馬英九守護霊　香港《ホンコン》や上海《シャンハイ》ぐらいになるなら、まあ、何とかなるよ。

酒井　いや、「『香港のようになる』と見せかけるために、台湾を取るまでは香港に手をつけない」というのが中国の戦略なんですよ。

馬英九守護霊　うーん。だからね……。

酒井　そのあと、チベットのようになってもいいのですか。

馬英九守護霊　ん？　まあ、チベットみたいにはならないよ。ならない。

酒井　「ならない」と言い切れるのは、なぜですか。

馬英九守護霊　経済的な繁栄《はんえい》を、きっと中国は保障するよ。

中国は台湾に軍事基地や核施設《かくしせつ》をつくるつもりでいる

馬英九守護霊　ただし、中国は台湾に軍事基地をつくるつもりでいるから、ここが難しいのよ。中国は必ず台湾に海軍の大きい基地をつくるから。そして、アメリカと日本が攻撃《こうげき》できないようにするつもりでいるのよ。台湾を攻撃したくない気持ちを使うつもりでいる。ここだけ、問題あるね。

綾織　今の馬《マー》総統のお考えからすると、それは呑《の》まざるをえないのではないでしょうか。

馬英九守護霊　うーん。中国の核施設《かくしせつ》、みんな、自治区にある。ね？　チベットや……。

綾織　はい。ウイグルにも。

馬英九守護霊　モンゴルやウイグルなどにあって、要するに、核施設が攻撃されるときには、ほかの民族が攻撃されるように、ちゃんと考えてあり、漢《ハン》民族は攻撃されないようになってるから、台湾にも、攻撃されるように基地つくるよ、きっとね。

綾織　そうでしょうね。

馬英九守護霊　うーん。ずるい、それ。だから、こずるいね、中国人っていうのは。

綾織　はい。それも含《ふく》めて、台湾は中国に呑まれてしまうわけですか。

馬英九守護霊　でも、勝てないよ。勝てない。だから……。

綾織　勝てないから、しょうがない？

馬英九守護霊　うん。アメリカが赤字になったのが悪いよ。アメリカに金あったら、勝てるけど。

中国共産党内部の派閥《はばつ》争いはデモクラシーなのか

矢内　あなたは国民党の主席でございますし、国民党というのは、中国共産党とは、ずっと敵対していて……。

馬英九守護霊　昔です。昔の話。今の国民党、違《ちが》う。今の国民党は違うよ。

矢内　ただ、孫文《そんぶん》がつくられた国民党は……。

馬英九守護霊　孫文も過去の人。バイバイよ。

矢内　孫文が唱えた「三民主義」の理想、志を、お持ちではないのですか。

馬英九守護霊　私、アメリカで教育受けたからね。李登輝《りとうき》、日本に来たね。日本で勉強したね。私、アメリカで勉強したね。考え、違う。

綾織　あなたがアメリカで学んだものの一つとして、やはり、民主主義というものもあると思いますし、それは実際に台湾のなかで実現しているわけですよね。

馬英九守護霊　アメリカン・デモクラシーね。

綾織　はい。

馬英九守護霊　Chinese democracy is a little different（中国のデモクラシーは少し違う）あるね。

綾織　中国本土の政治は民主主義とは違うと思います。

馬英九守護霊　ええ？

綾織　台湾は、やはり……。

馬英九守護霊　チャイニーズ・デモクラシーは共産党内部のデモクラシーなのよ。

綾織　はい、はい。

馬英九守護霊　ね？　共産党のなかで派閥《はばつ》争いをやるデモクラシーなの、チャイナのは。

綾織　台湾のなかでは、きちんと国民の直接投票による総統選挙を実現しましたし……。

馬英九守護霊　で、「私が（台湾省の）知事になるかどうか」の問題でしょ？

酒井　あなたはいいですが、一般《いっぱん》の人々には言論の自由もなくなるわけですよ。

馬英九守護霊　それは、ないだろうよ。もともと、ないんだからさ。

酒井　今、台湾の人には言論の自由がないのですか。

馬英九守護霊　ないよ。そらあ、言論の自由なんかないよ。そんなの、あるわけないじゃないか。経済の自由しかないよ。

酒井　そうなんですか。

馬英九守護霊　ないない。

酒井　（矢内に対して）台湾には言論の自由がないのですか。

矢内　実質的には、ないのです。

馬英九守護霊　判断権はないのよ、なーんにも。なーんにもないのよ。

矢内　マスメディアも、かなり国民党に支配されていますからね。

馬英九守護霊　全体が〝空気〟で動いていて、これ、日本の悪い遺伝子が入ってんだよ。日本も、〝空気〟で動いていて、言論の自由ない。あんたがた、言論の自由を持ってるつもりだが、ない。日本人、言論の自由、持ってない。全然、持ってない。

綾織　いやいや、そんなことはありません。

台湾と中国本土を比べたら、本土では共産党批判はできないわけですが、台湾には、そういう自由は当然ありますよね。

馬英九守護霊　うーん。まあ、それ……。

綾織　これは、まったく違うと思います。信教の自由も本土にはありませんが、台湾にはあります。これは大きな差ですよね。これも捨ててしまうのでしょうか。

馬英九守護霊　しかたないでしょ？

綾織　しかたない？

馬英九守護霊　日本の植民地じゃないんだからさ。日本の植民地になったけど、もう日本を追い出したんだからさ。中国に取られるの、しかたない。時間の問題よ。

綾織　では、日本に、もう一回来てもらうように、お願いしてみてはどうですか。

馬英九守護霊　嫌《いや》よ、嫌よ。日本語、難しいから、もう、やらない。

中国への対抗策《たいこう》はないが、任期の間だけは平和を維持《いじ》したい

酒井　そもそも、今回の選挙の目的というか、あなたは総統の立場で何を成し遂《と》げたかったのですか。

馬英九守護霊　うーん。だから、私がいたら、平和になるわけよ。

酒井　どういう意味での平和ですか。

馬英九守護霊　私がいたら、中国は、「台湾を取れるかなあ」と思うから、優《やさ》しく下《した》

手《て》に出てくる。ね？　また、アメリカも、「台湾に対して、北京《ペキン》政府が、いきなり攻撃したりはしないだろう」と思って安心してるから、私が総統やってる間、台湾は平和。

矢内　この四年間における総統のお仕事の一つとして、中国とのECFA《イーシーエフエー》（両岸経済協力枠《わく》組《ぐ》み協定）の締結《ていけつ》があり、それによって、台湾と中国の貿易等は、かなり自由化が進みました。

今回の選挙でも、中国から、さまざまな援助《えんじょ》があって、あなたが当選されましたが、経済的には、もうすでに呑み込《こ》まれているように感じられます。「これからの四年間で、いよいよ、中国は政治的にも台湾を併呑《へいどん》し、統一していく」という流れが予想されるのですが、それに対しては、どういう対抗《たいこう》策をお考えですか。

馬英九守護霊　ないよ。ないけど……。うん。ごめんね。ないのよ。

酒井　（苦笑）ない？

馬英九守護霊　うん。特にないのよ。まあ、ないのよ。なーんにもないのよ。でも、民進党の……、民進党のおばさん、何と言った？

矢内　蔡英文《さいえいぶん》？

馬英九守護霊　えーと、何かに書いてあったよ。民進党のオバタリアン、あれ、何て言ったっけ？（机の上の資料を見て）あ、そうだ。そうそうそう。蔡英文《さいえいぶん》って日本語？　ツァイ・インウェンね。ツァイ・インウェン。これが勝ってたら、中国との戦争、もう近いよ。だから、私でよかった。私でよかった。

アメリカも、私が総統なら、万一《まんいつ》のとき、助けてくれるよ。もし中国が極端《きょくたん》に意地悪なことをしたら、アメリカは、私がいるかぎり、助けようとするし、中国は、私がいるかぎり、「もしかしたら〝無血開城〟ができるかもしれない」と思い、柔《やわ》らかく迫《せま》ってくるから、私は、その中間で、うまいこと舵取《かじと》りして、任期いっぱい、台湾を平和にする。任期の間だけはね。

矢内　昨年、馬《マー》総統は、「中国と平和協定を結ぶこともありうる」と口走り、それが国民の反発を買って、一時《いちじ》、支持率が下がりました。

馬英九守護霊　うーん。

矢内　平和協定とは、ある意味で、「中国との統一」を指すと理解されますが、この発言は、どういう意味だったのでしょうか。

馬英九守護霊　中国の次の指導者がどう出るか、ちょっと分からないね。強気で攻《せ》めてこられると、こちらにも面子《メンツ》があるからね、ちょっと強めに出なきゃいけないので、どうなるか分からないけど……。

うーん。まあ、とにかく、「力ずくでは吸収させない」っていうことの確認は、させておきたいね。「合意がないかぎり、要するに、条件が整備できないかぎり、一緒《いっしょ》にはならない」っていうことかな。

酒井　あなたは、そんな条件を出せる立場にないではありませんか。

馬英九守護霊　あるよ。あるよ、あるよ。

酒井　何を背景に、そんなことが言えるのですか。

馬英九守護霊　あんた、意地悪ね。

酒井　（苦笑）

馬英九守護霊　地獄《じごく》から来た。

酒井　それについては、もう分かりました。時間の無駄なので……。

馬英九守護霊　うーん。

核《かく》戦争になるようだったら、「アメリカに亡命する」

酒井　あなたは、何を背景に、向こう（中国）と交渉《こうしょう》できるのですか。

馬英九守護霊　「何を背景に」って言ったら、台湾……。

酒井　習近平《しゅうきんぺい》という人がどれだけ怖《こわ》い人間か、ご存じないのでしょうか。

馬英九守護霊　分からない、分からない。私には優しいかもしれない。

酒井　いやいや。幸福の科学の霊査《れいさ》によると、彼の過去世《かこぜ》はチンギス・ハンです。そのことは知っておられますか。

馬英九守護霊　私は、危なくなったらアメリカに亡命するからいいのよ。

酒井　あなたは逃《に》げるのですか。

馬英九守護霊　そりゃそうよ。中国怖いもん。

酒井　あなたは、指導者として本当に情けない人ですね。

馬英九守護霊　私は、アメリカ人でも生きていけるもん。アメリカでも十分に生きていけるからね。

酒井　あなたは最低ですね。それでは、台湾の人たちはどうでもよいのでしょうか。

馬英九守護霊　あ、危なかったら亡命するよ。

酒井　台湾の人たちよりも、あなたの生命のほうが大切なのですね。

馬英九守護霊　「あなたの生命」って、私はアメリカで勉強して、アメリカはいい国だ。

酒井　台湾人民はどうするのですか。

馬英九守護霊　アメリカはいい国だけど、中国はあんな国には絶対ならないもん。ならないのは分かってるから。あんな国にしようとしたら、中国……。

酒井　台湾がそんな国になってしまうのですよ。

馬英九守護霊　ま、台湾は大丈夫《だいじょうぶ》よ。

酒井　なぜ大丈夫なのですか。

馬英九守護霊　台湾が台湾の範囲《はんい》内でやってるかぎりは、そんなふうにはならない。

酒井　そんな保証はないのではありませんか。現に香港も、すでに……。

馬英九守護霊　うーん、だから、中国が武力で台湾に侵攻《しんこう》して、台湾の人を奴隷《どれい》みたいにする場合は危ないけど、そうしないように条件を結んで……。

酒井　背後に何も力がないのに、どうしてそんな交渉ができるのですか。

馬英九守護霊　ん？　力はあるよ。

酒井　何の力があるのですか。

馬英九守護霊　台湾軍は自衛隊より強いよ。君、知らないの？

酒井　「台湾軍が自衛隊より強い」と？　では、中国軍よりも強いのですか。

馬英九守護霊　強いよ、君。台湾は自衛隊より……。

酒井　中国から台湾にミサイルが向けられていますが。

馬英九守護霊　何言ってるの。台湾軍は自衛隊の三倍もあるんだよ。君、知ってんの？

酒井　あなたは中国に勝てるのですか。

馬英九守護霊　勝てないけど、防衛はできるのよ。核《かく》戦争にならないかぎり、防衛はできる。

酒井　では、戦うつもりではいるわけですね。

馬英九守護霊　核戦争になるんだったら守れないけど、中国が台湾に核戦争を起こしたら、台湾から取るものがなくなるから、そんなばかなことはしないだろう。台湾を核で破壊《はかい》しちゃったら、台湾から取るもの、なーんもない。土地があったって、百姓《ひゃくしょう》しかできないしなあ。それは、東日本の震災《しんさい》地をもらうのと一緒になるから……。

酒井　いや、それは違います。お金の問題だけではなく、台湾は、地理的にも重要な場所なのです。中国の海軍が、さらに太平洋に出ていこうとしているために、あの台湾の場所が必要なのです。

馬英九守護霊　んー、まあ、そんなことはないけど、台湾が中国に敵対する国家であってもらったら困るんじゃないの？

酒井　ただ、「将来は台湾を取ろう」ということが、中国の第一の目的であることはご存じですね。

馬英九守護霊　いや、中国はそんなふうに思ってないのよ。もともと、「台湾は中国の一部だ」と思ってる。取ろうと思ってるんじゃなくて、中国の一部だと思ってるんだよ。もともとは中国の一部なのに、不幸にも国共《こっきょう》の内戦（国民党と共産党の間で起きた戦闘《せんとう》）が起きて、国が分かれて南北朝鮮《ちょうせん》みたいになってる状態だから、それを一つにしようと思ってるだけで、取ろうとしてるわけじゃないの。

酒井　つまり、「〝本来一つのもの〟が、一つになろうとしている」とおっしゃりたいわけですね。しかし、あなたが、正式に中国の一部になることを容認したときに……。

馬英九守護霊　うーん……。中国の体制をいいとするかしないかは、中国十三億人の人たちの意見で決めることだから。それが民主主義でしょ？

酒井　とにかく、あなたは「台湾を見捨てる」ということですね。その場合、「アメリカに逃げる」ということですね。

馬英九守護霊　見捨てないよ。「核戦争になるようだったら亡命する」と言ってる。

酒井　「亡命する」ということですね。

馬英九守護霊　うんうんうん。そりゃそうだ。

酒井　結局、あなたは、「台湾の責任を最後までは取らない」ということですね。

馬英九守護霊　そりゃあ、か、か、かち、かち、勝ち目ないもん。

きっと、日本の首相も亡命するよ。でも、英語しゃべれないだろうから、アメリカには逃げられないんで、行くところがない。日本の植民地、どこもないからさ。まあ、きっとハワイに逃げるな。日本語通じるから。

酒井　とにかく、あなたのお考えとしては、「台湾が中国に負けるのであれば、逃げる」ということですね。

馬英九守護霊　いや、防衛はできる。防衛はできるし、アメリカがサポートしてくれると言うなら、守り切ることはできる。

中台間《ちゅうたい》の経済交流は「一つの中国」への地ならし

酒井　ただ、中国は、台湾のことを、すでに〝台湾省〟と思っているのではありませんか。

馬英九守護霊　だから、台湾にフェイバー（優遇《ゆうぐう》）を与《あた》える。台湾人に破格のフェイバーを与え、中国は台湾からの投資を望んでる。インベストメント（投資）ね。

酒井　台湾の財界人には、今、非常に親中《しんちゅう》派が多いと聞いております。

馬英九守護霊　うん。そらあ、ビジネスチャンスがたくさんあるもんね。

酒井　それによって、今、中国が台湾を取り込もうとしていることはご存じですか。

馬英九守護霊　うーん。だけど、逆もあるわね。私たちが、中国に投資して、台湾企《き》業《ぎょう》がいっぱい中国に進出して、都市圏《けん》にどんどん出ることで、要するに、中国が台湾と一つになってもいい国になるように、中国を〝地ならし〟することもできるでしょ？

綾織　中国の国内でも、民主化運動はかなり活発になってきていますし、その〝地ならし〟をする過程で、台湾が中国に影響《えいきょう》を与えられるだろうとは思いますが……。

馬英九守護霊　うん、うん、うん。知ってる、知ってる、知ってる。だから、やっぱり、香港みたいに、百五十年ぐらいの契約《けいやく》を結びたいね。百五十年ぐらいは……。

酒井　ただ、すでに香港には自由がなくなりつつあります。

馬英九守護霊　百五十年は無理かな。台湾の政治・経済を五十年ぐらい維持する契約を結んだら、私はどうせ死んでるから、そのあとは知らない。知らない。

綾織　「中国共産党の体制を崩壊《ほうかい》させる」ということについては、いかがですか。

馬英九守護霊　そんな大きな話、私には無理です。台湾に、「十三億の中国の体制を壊《こわ》せ」なんて、そんな無茶なこと、君、言うんじゃないよ。

綾織　いやいや、中国の国民のなかで、それを……。

馬英九守護霊　それは、〝日本の手先・先兵《せんぺい》〟として、台湾を中国と戦わそうとしている陰謀《いんぼう》だから、それを言ったら、絶対乗らないよ。騙《だま》されないよ。

綾織　いやいや、こちらも台湾と同じ立場に立ってやります。

酒井　これ以上、話をしても、あまり意味がないようですね。

馬英九守護霊　私ね、台湾が誇《ほこ》る大秀才《だいしゅうさい》なのよ。君たちみたいなばかと違うのよ。台湾が誇る秀才だから……。

酒井　はい、分かりました。

馬英九守護霊　君ねえ、言葉がまだ滑《なめ》らかでないからって、ばかにするんじゃないよ。君らみたいなばかと違うのよ。こっちは、アメリカでちゃんと通用した、台湾ナンバーワンの人材なのよ。

酒井　分かりました。大天才ですね。

日・中・台が一緒《いっしょ》になったら、「〝尖閣《せんかく》諸島省〟をつくればいい」

酒井　それでは、最後の質問をさせていただきます。

馬英九守護霊　うん？

矢内　あなたは、アメリカの大学で、「日本の尖閣《せんかく》諸島は中華《ちゅうか》民国のものだ」という論文を書かれていましたね。

馬英九守護霊　当然じゃん！　当然、当然よ。当然よ。

矢内　そうですか。

馬英九守護霊　あーた、もともとそうなのよ。全部うちのもんなのよ。うん、うん。日本があとから取ったのよ。

矢内　もし、中国が「自分たちのものだ」ということで、尖閣諸島を取りにきた場合には、どうされますか。中国と手を結びますか。

馬英九守護霊　え？　日本と中国と台湾が一緒《いっしょ》になったら、どっちのものでも一緒だよ。な？　どっちが取っても一緒じゃないか。一緒だね。

矢内　それは、「一つの中国」ということですか。

馬英九守護霊　うん、うん。だから、〝尖閣諸島省〟ができるだけだ。

4　馬英九総統の「過去世《かこぜ》」について

中国の属領だったころのベトナムに生まれた？

綾織　ところで、あなたが「転生輪廻《てんしょうりんね》」を認めておられるかどうかは分かりませんが、おそらく、過去の転生においては、中国関係で生まれていらっしゃるのではないかと思うのです。何か記憶《きおく》はございますでしょうか。

馬英九守護霊　過去？　うーん？　過去、過去、過去。うーん、過去ね。過去ね。過去、過去、過去、過去、過去、過去……。

綾織　中国のいろいろな王朝の歴史のなかで、「その周辺に生まれていた」ということはありませんか。

馬英九守護霊　過去ね。過去ってなんだろうね。過去、過去、過去、過去……。

酒井　そもそも、あなたは馬英九総統の守護霊ですよね。

馬英九守護霊　そうだよ。

酒井　あなた自身は、どこに生まれていましたか。

馬英九守護霊　私？　うーん。私は、何かベトナムあたりのような気がするんだが……。

酒井　いつごろのベトナムですか。

馬英九守護霊　うーん。うーん。うーん。いちおう中国の属領になってたころのような気がするんだけど……。中国の一部だったような気がするなあ。

綾織　どのくらいの時代でしょうか。清《しん》とか？

馬英九守護霊　うーん、もうちょっと前かなあ。

酒井　そのときに、もともとは国があったのですか。それとも、最初から属領だったのですか。

馬英九守護霊　うーん、中国はねえ、もっと大きい国なのよ。今は、小さくなっちゃったのよ。だから、元に戻《もど》りたがってるのよね。世界帝国《ていこく》になりたいんでしょ？

酒井　あなたは、その当時も中国人という立場だったのでしょうか。

馬英九守護霊　うん。だから、今とおんなじような立場よ。中国人ではないけど、中国に帰属してた。

酒井　ああ、なるほど。

綾織　唐《とう》の時代などは、かなり南のほうまで領地があったようですが。

馬英九守護霊　唐より前かも。

綾織　唐より前ですか。

馬英九守護霊　うーん。前かもしれない。うーん。うーん。まあ。

雲南《うんなん》地方にあった〝自治区〟の長官だったかもしれない

綾織　あなたは、その当時も、中国の勢力が入ってくるのを助けたのでしょうか。

馬英九守護霊　中国は先進国だったのよ。助けたんじゃない。世界帝国。世界帝国。

綾織　そのなかに進んで入っていった？

馬英九守護霊　「進んで」っていうか、もう、すでにやられてたので、それはしょうがない。

綾織　しかたがなかったわけですか。

馬英九守護霊　うん。だから、今と一緒《いっしょ》よ。当時も、中国は〝自治区〟をいっぱいつくってたわけ。だから、その国の言葉や風土、風習はあったわけでね。

酒井　要するに、「長いものには巻かれろ」ということでしょうか。

馬英九守護霊　うーん、まあ、そうは言わないけど、勝てないものには勝てない。

酒井　「勝てないものとは戦わない」ということですね。

馬英九守護霊　勝てない。

酒井　そうすると、日本の明治維新《いしん》のようなものは、非常に愚《おろ》かな戦いだと思われますか。

馬英九守護霊　うーん、明治維新かあ。うーん、明治維新かあ。うーん。明治維新かあ、うーん。

あれのせいで、台湾は植民地にされたんじゃないか。何言ってるんだね。

酒井　もし、あなたが日本人だったら、「ああいう戦いはしない」ということですね。

馬英九守護霊　日本人だったら、どうしたかって？　うーん。うん。江戸《えど》幕府のほうが好きだなあ。

酒井　江戸幕府のほうがお好きなんですね。

馬英九守護霊　うん。日本が鎖国《さこく》してくれてたら、世界は平和だった。

酒井　ああ、そうですか。分かりました。

綾織　ベトナムあたりの地域に生きておられたときの立場は、どういうものだったのでしょうか。王様のような統治者の立場でしょうか。

馬英九守護霊　うーん、何かの長官のような感じがするなあ。

矢内　それは、「南蛮《なんばん》」と呼ばれる地域にあった属国の一つだったのでしょうか。

馬英九守護霊　うーん、雲南《うんなん》、雲南で、南蛮じゃないよ。南蛮は、君、南蛮はねえ、南蛮は……。

酒井　ヨーロッパの属国ですか。

馬英九守護霊　いやあ、違《ちが》うよ。南蛮は、カンボジアじゃないの？　あっちのほうじゃないのかなあ。うーん、南蛮とは言われてなかったような気がするなあ。

5 日本と台湾の「未来」に向けて

台湾は東日本大震災《だいしんさい》のときに日本を支援《しえん》した

酒井　そろそろお時間ですので、守護霊インタヴューは、このくらいにさせていただきます。

馬英九守護霊　君ら、僕《ぼく》をばかにしてたな！　僕はね、台湾でいちばん賢《かしこ》い人間なんだよ！

酒井　いいえ、ばかにしていません。

馬英九守護霊　尊敬しなさい。言葉は、今、練習してるんだ。

酒井　分かりました。本当にどうもありがとうございました。

馬英九守護霊　悔《くや》しいな。君、地獄《じごく》の魔王《まおう》か。そんなに偉《えら》そうに言うの、悔しいよ。

酒井　悔しいのであれば、中国と戦ってください。

馬英九守護霊　なんで戦うのよ。あんた、台湾人、皆殺《みなごろ》しするつもりか。

酒井　いや、「台湾の人のために」ですよ。

馬英九守護霊　皆殺し計画？

酒井　それでは、以上で終わりにさせていただきます。

馬英九守護霊　これで終わりか。私、何にもいいことないじゃない？　なーんにもない。せっかくゲストで呼ばれたのに、何にもない。何か宣伝になることを、ちょっとは言わせてよ。だって、あんたがた、とっても悪い質問をするから、私、せっかく来たのに、全然宣伝にならない。宣伝させてよ。

酒井　（会場で聴聞《ちょうもん》していた饗庭《あえば》が挙手する）それでは、ちょっと一言《ひとこと》。

饗庭　今日は、お忙《いそが》しいところをありがとうございます。

馬英九守護霊　君、かっこいいなあ。

饗庭　いやいや、どうもありがとうございます（笑）（会場笑）。

馬英九守護霊　〝アメリカ・インディアン〟だ。

饗庭　東日本大震災《だいしんさい》のときに、日本は台湾から本当に多くの人的・物的支援《しえん》や、多額の資金援助を頂きました。まず、そのことに感謝申し上げたいと思います。

馬英九守護霊　ありがとう（拍手《はくしゅ》する）。よく言ってくれた。そうなんだよ。

饗庭　ええ。

馬英九守護霊　私たち、心広くて、金持ちなんだよ。

饗庭　ありがとうございました。

馬英九守護霊　うんうん。

「日台《にったい》共同体構想」の前に、台湾を国として承認してほしい

饗庭　そこで、日本と台湾の未来に向けて、一つの提案をさせていただきます。一昨年、私は、台湾の保守系の実業家である蔡焜燦《さいこんさん》先生から、いろいろとお教えいただく機会があり、そのときに、あるご提案を頂いたのです。

馬総統は、アメリカで自由や民主主義の価値観をずっと学んでこられておりますので、その良さについては、深く理解されているかと思います。

馬英九守護霊　うーん、そうよ。そう、そう、君、よく分かってるよ。君、ニューヨーカーと違《ちが》うか。

饗庭　ええ、あちらにもおりました。

馬英九守護霊　ああ、分かるなあ。君、エリートだね。

饗庭　いえいえ。それで、馬総統は、自由や民主主義の良さを非常にご理解いただい

ているのと思うのです。

馬英九守護霊　うん、分かってる、分かってる。

饗庭　しかし、もし、中国と台湾が一つになってしまったならば、台湾から、その良さがどんどん消えていってしまいます。それは、やはり悲しいことではないかと私は思うのです。

馬英九守護霊　ううん、でも、香港《ホンコン》みたいに頑張《がんば》るよ。香港みたいにね。

饗庭　そこで提案なのですが、もし、馬総統が任期を務める、これからの四年間に、日本が強くなり、中国に対しても、しっかりと牽制《けんせい》するだけの力、拮抗《きっこう》しうるだけの実力を持てた場合には……。

馬英九守護霊　あ、ない、ない。ないね。民主党がやってるかぎり、絶対、ない。

饗庭　今、日本でも、民主党政権を倒《たお》すための活動に取り組んでいる最中《さいちゅう》です。

馬英九守護霊　ほんとに？　ふーん。

饗庭　はい。日本がそうなった場合に、例えばですが、今の台湾のその良さを生かしつつ、日本と台湾との「共同体構想」をお考えいただけないでしょうか。

馬英九守護霊　じゃあ、台湾を国として承認してよ。

饗庭　はい。それもするべきだと思います。

馬英九守護霊　日本には承認する勇気がないじゃないの。アメリカが中国を承認したら、自動的に台湾を国から外したでしょ？　許せないよ。

饗庭　そうなんです。今の日本ではそのとおりです。私も許せません。

馬英九守護霊　「元宗主国《もとそうしゅこく》」と言うんなら、そんなこと、絶対にしてはいけないことだよ。「絶対、台湾は国だ！」と言い続けなきゃいけない。

饗庭　はい。本当におっしゃるとおりです。

馬英九守護霊　「国交を断絶する」みたいなことも、絶対許せない。その段階で、台湾は、もう〝中国の台湾省〟になってしまったじゃないか。

饗庭　はい。

馬英九守護霊　だから、日本もアメリカも裏切り者よ、ほんとはね。

饗庭　そのようなお気持ちは、本当によく分かります。

馬英九守護霊　うん。だから、それは、中国が怖《こわ》くてそうなったんだよ。金儲《かねもう》けしたくて、そうしたんだろう？　だから、君らに、そんなこと言う権利ないのよ。

饗庭　はい、おっしゃるとおりだと思います。

馬英九守護霊　あ！　君と話すと、なんか、急に頭がよくなってきたような気がする。

饗庭　いやいや（笑）。

馬英九守護霊　君、いいなあ。いいなあ、秀才《しゅうさい》だよ、君。

饗庭　これから、もし、日本が中国に対して強くなってきた場合ですけれども、日本は、アメリカと同じ「自由の価値観」というものを、まだしっかりと持っている国でございますので、共同体構想をお考えいただけないでしょうか。

馬英九守護霊　いやあ、なあ。日本も、もう〝中国化〟してるんじゃないの？

饗庭　いえ。確かに、今、そうなってきてはいますが、それに対して、われわれは戦っている最中なのです。保守の力もどんどん強くなりつつあります。

馬英九守護霊　うん。日本の総理より、私のほうが間違いなく賢いよ。

饗庭　はい。エリートだと思います。

馬英九守護霊　私、エリートよ。あれ、ボンクラよ。うん。

日本には「台湾は国だ」と宣言できるパワーと信用が欲《ほ》しい

饗庭　いろいろな観点からご考慮《こうりょ》くださって結構ですので、例えば、将来的に、〝強い意味でのＥＵ〟のような「日台共同体構想《にったい》」ということをお考えいただけると、われわれもそれに向けて動くことができるかと思います。

馬英九守護霊　君が来たら、急に、ちょっとだけ機嫌《きげん》が変わってきたような気がするなあ。何となく。君、うまいなあ。アメリカ的価値観を身につけたな。ちょっとな。

饗庭　いえいえ、とんでもないです（笑）。

馬英九守護霊　うまいなあ。アメリカはほめるのがうまいのよ。うん。だから、君、何となく気分がよくなってきたような気がするんでなあ。

饗庭　「日台共同体構想」をお考えになり、将来的には、ぜひ、日本と〝結婚《けっこん》〟をしていただきたいと思うのですが。

馬英九守護霊　日本がもうちょっと男らしければ、頼《たよ》りになるんだけどな。この国は、全然、信用ならないじゃないか。全然信用ならないしさあ。政権が一年ももたないで、コロコロ変わるしさあ。誰《だれ》が決めてるかも分からないのに、〝空気〟で動いてるだろう。だから、俺《おれ》のほうが、まだ、よっぽど男らしくやってるよねえ。

饗庭　はい。そうですね。

馬英九守護霊　日本の指導者、こんなの、もう要《い》らないから、あれ、ほんとに減らしたらいいのよ。数を間引《まび》いたら、新しい指導者が出てくるよ。数が多すぎて、喧嘩《けんか》ばかりしてるからさあ。こんな民主主義だと、ちょっと中国はまとまらない。

饗庭　そうですね。

馬英九守護霊　そりゃ、私だって、中国本土にもアメリカ的な民主主義を入れたい気持ちがないわけじゃないけど、そうすると、あの国は、きっとめちゃくちゃになるだろうと思うからね。

「内戦だらけになるよりは、まとまっているほうがまだましかな」と思ってるので、それはしょうがないから、台湾はなるべく不幸にならないように、制度を維持《いじ》できるようにはするつもりでいるよ。うん。うん。

饗庭　馬総統の四年間の任期中に、日本のことをご覧になり、「台湾と組める相手だ」と思われたときには、ぜひ「日台共同体構想」のようなものをお考えいただけると、ありがたく存じます。

馬英九守護霊　だからね、台湾を「バナナとサトウキビの産地」とだけ理解してるような日本人が多いといけないから、もうちょっと先進国として扱《あつか》ってほしい。それを言うんだったら、まず、日本が一方的に、「台湾は国だ」って、ちゃんと宣言しなさいよ。そうしたら、中国は怒《おこ》るよ。絶対、怒る。日本は、その怒《いか》りに対して跳《は》ね返せるだけの言論とパワーを持ちなさい。

饗庭　それを身につけるべきですね。はい。

馬英九守護霊　「台湾は国だ。日本にはそのことに対して責任がある。台湾と自由に交流し、守り、共同して、国としての価値観を守る権利も義務もある」って、自分たちで言いなさいよ。日本はアメリカの〝金魚の糞《ふん》〟じゃないか。そんなの駄目《だめ》だ。

今、アメリカがアジアからどんどん逃《に》げていってるよ。こんなの、信用できないよ。これについていったら滅《ほろ》びるよ、下手《へた》したらね。

だから、日本も信用できない。この前、「アイ・プロミス」とか、「プリーズ・トラスト・ミー」とか言った人が嘘《うそ》ついたじゃないか。（注。鳩山《はとやま》元首相がオバマ米大統領との会談時に、普天間《ふてんま》基地移転問題の解決について、そのように語ったことを指している。）あんなの駄目よ。英語できない。「留学した」というの、あれ、嘘だよ。

饗庭　（笑）

馬英九守護霊　あれ、全然、できないよ。うん。あれ、駄目よ。日本人、もうちょっとしっかりした、信用できる人を出してこないと、私たちも乗れないよ。

饗庭　はい、そういう国になれるように頑張ってまいりますので、ぜひ、見守ってくださればと思います。

馬英九守護霊　うーん。信用、信用が大事。信用だよ。

私たちには、韓国《かんこく》や中国のなかの人たちが言うほど、日本に対して、「賠償《ばいしょう》」だとか、「過去の悪事」だとか、今さら言う気はそんなにないよ。そらあ、あんたがたが言うように、日本にもいいところがあったと思うから、そんなに言う気はないけど、「『今の頼りない日本に乗っかれ』というのは無理だ」っちゅうことは、はっきり言いたいよな。うん。

饗庭　はい。

馬英九守護霊　あんたと話してると、少し賢くなってきたような気がするよ。

饗庭　馬総統を尊敬している人も多いと思いますので。ぜひ、よろしくお願いします。

馬英九守護霊　ああ、そうか。うん、分かってくれた。うん。よかった。

（他の質問者のほうを向いて）君、やっぱり地獄から来てるんだよ（会場笑）。

酒井　はい。それでは、どうもありがとうございました。

馬英九守護霊　うんうん、はいはい。

6 「日和見外交《ひよりみがいこう》」をせざるをえない台湾

大川隆法　馬英九総統の守護霊は、まだ日本語がそれほどストレートには使えないため、自分の思うように話せなかったかもしれません。その意味では、気の毒だったかとは思います。

ただ、彼は、微妙《びみょう》な立場にいるようです。はっきりとした物言いをすると「角《かど》が立つ」というか、敵がすぐ出てくる立場で、非常に微妙なところを生きているようです。

そして、その選択肢《せんたくし》のなかで、一つの決定をしてしまったときに運命が決まるため、「それが台湾の未来にとってよいことかどうか」について責任を負うのは、すごく大変なことなのです。そういう意味で、どのようにでも変化できる立場を維持《いじ》している感じがします。

アメリカが退潮していきそうな流れを見て、やや日和見《ひよりみ》をしているようですね。「中国と戦ってでも、絶対に台湾を守れる」ということであれば、態度も違《ちが》ってくるのでしょうが、「まだ分からない」と見ているのでしょう。そんな感じがします。

まあ、気持ちとしては分かりますけれどもね。

次に収録を予定している沖縄県知事のほうも、これと似たような感じになるかもしれません。仲井眞《なかいま》さんも、「過去世《かこぜ》は琉球《りゅうきゅう》王朝の何とかだった」と言って出てくるのではないでしょうか（笑）。

酒井　そうですね。

大川隆法　いずれにせよ、「厳しい」という立場ですね。

第2章

沖縄《おきなわ》県知事・仲井眞弘多《なかいまひろかず》氏
守護霊《しゅごれい》インタヴュー

二〇一二年二月二十九日　霊示

仲井眞弘多《なかいまひろかず》（一九三九～）

沖縄《おきなわ》県知事。大阪市で生まれ、第二次大戦末期に大分県に疎開。戦後、両親の出身地である沖縄県に移り住む。東京大学工学部卒業後、旧通商産業省に入省し、通商産業省機械情報産業局通商課長、工業技術院総務部技術審議官《しんぎかん》などを経《へ》た後、沖縄電力に勤務し、理事、社長、会長を歴任。一九九〇年から一九九三年まで沖縄県副知事を務め、二〇〇六年、沖縄県知事に初当選。二〇一〇年十一月の県知事選で再選を果たした。

質問者　※質問順

酒井太守《さかいたいしゅ》（幸福の科学理事長兼総合本部長）

綾織次郎《あやおりじろう》（幸福の科学理事兼「ザ・リバティ」編集長）

矢内筆勝《やないひっしょう》（幸福実現党出版局長）

［役職は収録時点のもの］

1　「米軍基地移設問題」を、どう考えているか

仲井眞弘多・沖縄県知事の守護霊を招霊《しょうれい》する

大川隆法　それでは、仲井眞知事の守護霊を呼んで、今、日本の未来にとって非常に大きな悩《なや》みの種である沖縄問題について調べてみたいと思います。

ただ、沖縄の人からすれば、「われわれ沖縄のことを、〝悩みの種〟などという言い方をするのは許せない」と言われると思います。おそらく、「日本の〝負の遺産〟を、沖縄が一手に引き受けているのだ」と考えられているでしょう。

戦後、日本はアメリカに占領《せんりょう》されましたが、「日本は植民地になったことがない」と言いつつも、沖縄だけはアメリカ領になったことがあるわけです。そういう被害《ひがい》感もあるのに、いまだに日本における米軍基地（米軍専用施設《しせつ》）の約四分の三は沖縄にあり、同じ日本でも、本州とはずいぶん差があります。

そのため、沖縄のほうも、「中国に帰属するかもしれないぞ」というような態度を取って、日本と中国とを両天秤《りょうてんびん》にかけ、日本政府からもう少し有利な条件を引き出そうとしているようにも見えるのです。

そのあたりのことを、今、どのように考えているのか、さっそく、仲井眞さんの守護霊を呼んで訊《き》いてみましょうか。

（大きく深呼吸をする）

沖縄県知事である仲井眞弘多氏の守護霊をお呼びしたいと思います。

仲井眞知事の守護霊よ、仲井眞知事の守護霊よ。

どうか、幸福の科学総合本部に降りたまいて、その本心、「沖縄の心」を語りたまえ。

さらに、日本政府に対する意見、あるいは、中国やアメリカに対する意見等をお持ちでしたら、この場を通じ、その意見を表明してください。

本州の人たちは、あるいは「沖縄の心」が分かっていないかもしれませんので、言いたいことがあれば、どうか、この場を使って、自由にお述べください。

仲井眞知事の守護霊、流れ入《い》る。仲井眞知事の守護霊、流れ入る。

（約十秒間の沈黙《ちんもく》）

「米軍基地の県外移転」を言わないかぎり沖縄では当選しない

酒井　こんにちは。仲井眞知事の守護霊様でしょうか。

仲井眞守護霊　うん、そうだけど？

君ら、選挙協力を頼《たの》んだのに、何か、ずいぶんつれないな。（注。二〇一〇年沖縄県知事選の際、仲井眞陣営《じんえい》から選挙協力の打診《だしん》があったが、「普天間《ふてんま》基地の県外移設」を主張する氏とは政策的に折り合わなかったため、幸福実現党は独自候補を立てて、国防の重要性を唱えた。）

酒井　いやいや。

仲井眞守護霊　何よ、一万三千票ぐらい取るために、なんであんなことをするわけ？

一万三千票ぐらい、自分らの党で取ったって、勝てないのは、最初から分かってるじゃないか。分かってるのに、なんで私に票を入れるように運動しなかったの？

酒井　今日は、仲井眞知事のご意見をお伺《うかが》いするとともに、先の知事選におけるわれわれの真意もご理解いただければと思います。

仲井眞守護霊　私はねえ、まあ、必ずしも本心じゃないけども、沖縄の意見を代弁して行動してるのであってな。

酒井　非常に難しい立場におられるということは認識しています。

仲井眞守護霊　うーん、そうなんだよ。

酒井　仲井眞知事は、つい先日（二月二十七日）、野田総理との会談の際にも、「米軍基地の県外移転」を主張されていましたが、この発言の裏といいますか、真意といいますか、「どのあたりで落とし所をつけたい」とお考えなのでしょうか。

仲井眞守護霊　君たちは空気が読めないかもしれないけど、今、沖縄じゃあ、「県外移転」でも言わないかぎり、当選しないからね。「当選しない」というと、まあ、自分中心に聞こえるかもしらんけども、それが結局、「沖縄の民意」ということだよな。だから、「もう結構」という感じだね。何て言うかなあ、「日本全体のために、沖縄が犠牲《ぎせい》になって振《ふ》り回されるのは、もう結構」というか、「堪忍袋《かんにんぶくろ》の緒《お》が切れた」という感じかな。もうカンカンなのよ。

民主党には裏切られたねえ。嘘《うそ》ばっかり言うじゃない？　あんなの、できないなら、最初から「できない」と言ってくれれば、まだよかったんだけど、できるように言っといて、あとで「できない」なんて言う。ああいうのは駄目《だめ》よね。

酒井　今回、総理は謝罪もされていましたが。

仲井眞守護霊　あの人ねえ、野田はちょっとねえ、いい意味で言えば、前の二人よりも出来がよくて、悪い意味で言えば、「腹黒い」からね。

酒井　腹黒い？

仲井眞守護霊　うん、うん。日本人的にずる賢《がしこ》いところがあるから、上手に演技ができれば、沖縄県民を少しはなだめることができる可能性のある人ではあるけどねえ。

酒井　現状では、もはや、「沖縄の民意は、『米軍基地の県外移転』以外にはない」と考えたほうがよろしいのでしょうか。

仲井眞守護霊　まあ、だから、野田さんは千葉なんだろう？　千葉で引き受けたらいいよ。あるいは、東北にいっぱい〝空《あ》き地〟ができたじゃないか。あっちに行ったらいいよ。

酒井　ただ、戦略的な観点、要するに、「抑止力《よくしりょく》」の観点から言って、沖縄というのは重要な場所ではありませんか。

仲井眞守護霊　それ、もう間違《まちが》ってるんでないか。アメリカは、「中国に近すぎると、攻撃《こうげき》を受けたら逃《に》げられないので、できるだけ遠くへ逃げたい」って言い始めてるじゃないか。「戦略的に」と言っても、それは強いときの言い方であって、負けるときだったら、できるだけ遠くに逃げないとね。だから、オーストラリアのダーウィンまで逃げたら、それは逃げやすかろうよ。

沖縄は日本に見捨てられてアメリカ領になった？

酒井　先ほど、台湾の話（本書第1章「台湾総統・馬英九《ばえいきゅう》氏守護霊インタヴュー」）のなかでもありましたが、中国は、沖縄に関しても非常に興味を持っています。

仲井眞守護霊　そりゃそうよ。

酒井　台湾を取ったあとは沖縄を取ろうとするはずです。それで、彼らは、すでに「沖縄」と言わないで、「琉球《りゅうきゅう》」と言っているわけです。

仲井眞守護霊　うん、〝中国固有の領土〟だと言ってるんでしょう。昔の歴史を遡《さかのぼ》れば、いつかの時点で、そういうことはあっただろうからね。「沖縄文化」と言ったって、それは琉球の文化も引いてますからねえ。

酒井　これまでのいろいろなしがらみがあり、今、このような事態に至ってしまったのですが、このままで行くと、最終的には、中国が沖縄を……。

仲井眞守護霊　いや、それは頑張《がんば》ってもいいんだけどね。でも、「全日本のために、沖縄が犠牲にならなければいけない」という理由については、やっぱり、沖縄県民を説得できていない。

酒井　なるほど。ただ、日本全体はさておいても、もし、沖縄という土地が中国の領土になってしまったら、どうなのでしょうか。

仲井眞守護霊　うーん。だけど、先のアメリカとの戦いと同じように、「またしても沖縄が前線基地に使われて、中国との戦場になる」ということだったら、やっぱり、たまらないなあ。これで二回目じゃないか。

だから、先の戦争で大勢の人が死んでねえ、沖縄は悲劇で、日本に見捨てられて、それでアメリカの領土になってたんだから、しょうがない。

酒井　それは、当時の戦い方に問題があったわけです。日本軍がもっと沖縄に集中していれば、それほど被害は大きくなかったかもしれません。

仲井眞守護霊　もっと被害が大きかったかもしれないじゃないか。

酒井　そういう考えもありますが、ただ、あそこまで一般《いっぱん》の人々が被害を受けずにすんだ可能性もあります。

仲井眞守護霊　今の自衛隊なんてさあ、信じられないのよ。腰抜《こしぬ》けじゃないか。ねえ。戦う気ないじゃないか。だから、あんなのが米軍の代わりに来たって、役に立たないよ。

酒井　それは、自衛隊の問題というよりも、国としての考え方の問題になりますが。

仲井眞守護霊　そうだよ。だから、沖縄のことなんか問題にするより、日本の国の問題にしたほうがいいんじゃないの？　こっちが危ないんじゃないの？　ほんとに狙《ねら》われてるのは、こっちでしょ？　日本の国でしょ？

鳩山《はとやま》・菅《かん》なら、沖縄は中国に併合《へいごう》されていただろう

酒井　ただ、中国が沖縄や台湾を狙うまでの時間は、もう、それほど残されていません。

仲井眞守護霊　中国は、アメリカ軍を追い出すことに専念してるよ。それはおっしゃ

るとおりだよ。そのぐらい、ばかじゃないから、私も知ってるよ。日本全体から米軍を追い出して、完全に出ていってしまったら危ないとは思う。

だから、抑止力としては、とりあえず必要だろうから、「日本の国内に置きたかったら、ほかに場所を探しなさい」ということを言ってるわけですよ。

「沖縄以外には置く所がないけれども、抑止力としては必要だ」と言うんだったら、やっぱり、それは、沖縄に負担をかけてるというか、「日本のために犠牲になれ」と沖縄に言ってるのと一緒《いっしょ》だよなあ。

酒井　中国には、「まず沖縄からアメリカ軍を追い出す」という狙いが一つあるわけですが、それはご存じですよね。

仲井眞守護霊　うーん。先の大戦では、東京大空襲《だいくうしゅう》ですごい被害になったんだから、アメリカ軍が東京にいたって構わないんですよ。東京を守れるんだからね。まず、そこを防衛すべきでしょ?　だけど、それさえする気がないんだったら、「沖縄に置け」という理由がない。

酒井　「理由がない」とおっしゃいますが、そもそも、「沖縄自体が占領されるのではないか」という観点については、どうなのでしょうか。

仲井眞守護霊　だから、私がいちばん避《さ》けたいのは、あんたがたが、再びここを戦場にし、「沖縄だけの戦い」にして終わることだよ。

酒井　戦争をする以前に、沖縄が「中国の一部」になってしまってもよいのでしょうか。

仲井眞守護霊　「戦争する前に、沖縄が中国の一部になる」っちゅうのは、どういうこと？　戦争しないと、そうならないじゃない？

酒井　いや、もう、そのまま取られてしまうかもしれません。

仲井眞守護霊　取られてしまう？　何？　そうか、中国が「併合《へいごう》する」と言って？　うーん。

酒井　はい。そういうことです。つまり、「沖縄省」とか「沖縄自治区」とかになってしまうかもしれないのです。

仲井眞守護霊　うーん。民主党政権なら、「ない」とは言えないね。まあ、少なくとも、鳩山《はとやま》・菅《かん》なら、そうなるだろうね。野田さんの場合、どのぐらい腹黒いか分からないから、まだ、〝あれ〟だけど……。

酒井　現実にそのような恐《おそ》れがあるなかで、中国が一番にやりたいことは、「アメリカ軍を沖縄県外に出したい」ということです。

仲井眞守護霊　「県外」は関係ないじゃないか。とにかく、日本からアメリカ軍を出したいんだろう。

酒井　なぜ、中国がそこまでこだわるかというと、沖縄は、中国にとっても、やはり、戦略的要衝《ようしょう》だからなのです。

仲井眞守護霊　うーん。それだけじゃないね。韓国《かんこく》も関係がある。韓国はもっと危険だからね。

韓国にいる米軍あるいは米国関係の人たちは、戦争が起きたら、逃《のが》れる暇《ひま》もない可能性が高いのでね。特に、ソウルに住んでるアメリカ人たちが、まず犠牲になるのは目に見えているからねえ。それを防ぐためにも、「沖縄に米軍が駐留《ちゅうりゅう》していることが抑止力になる」という点は強いんじゃないかなあと思うんだけどね。

酒井　そのへんの危機感については、沖縄の方々はお持ちなのでしょうか。

仲井眞守護霊　うーん、持ってるけど……。でもねえ、ほんとに日本が自主防衛したいんだったら、それこそ、憲法改正して、ちゃんと国軍を持って、日本を守るようにすべきであってね。その気がないから、沖縄だけに負担を押《お》し付けてるわけだ。

酒井　自主防衛をするために、今、幸福実現党も動いておりますが、時間的に早い段階で、沖縄が完全に取られてしまうような事態が起きるのは、非常にまずいことです。

仲井眞守護霊　いや、別にいいよ。中国の民族衣装《いしょう》でも、別に、私たちは生きていけるからね。

酒井　それでよろしいのでしょうか。

仲井眞守護霊　別に構わない。うん。

中国に取られたくないなら、日本は沖縄にサービスすべきだ

綾織　普天間基地移設問題についての仲井眞さんの本心としては、「県内の辺野古《へのこ》への移設になったとしても、別に構わない」ということなのでしょうか。それとも、「それは民意が反対しているので、しかたがない」ということなのでしょうか。

仲井眞守護霊　あなたねえ。少なくとも、同じ日本にいてさあ、沖縄の県民所得というのは（全国平均の）何割ぐらいだろうね。ほんとに、かなり低いよね。

貧しい鹿児島《かごしま》より、さらに貧しいぐらいだからさ。この程度の貧しさだったら、今、中国南部のほうが発展してきてるかもしれないからね。きっと、最初はすごく援助《えんじょ》してくるふりをして、沖縄の発展のために貢献《こうけん》してくれるんじゃない？

綾織　「ある程度、補助金がもらえるのであれば、県内でもよい」ということでしょ

うか。

仲井眞守護霊　沖縄にも高層ビルがいっぱい建つんじゃない？　うん。うん。

綾織　え？　それを「中国からもらいたい」という意味ですか。

仲井眞守護霊　沖縄に中国資本が入ってきて、ガンガン開発していき、次は沖縄を足場にして、「何となく九州も欲《ほ》しいなあ」という感じになるかもしれないよ。

そう思ったら、沖縄に対して、もっとサービスしなきゃいけないんじゃない？

綾織　ああ、日本としてですか。

仲井眞守護霊　例えば、「沖縄は税金をなくす」とか。

綾織　それは、すでに、制度としては一部あると思いますよ。

仲井眞守護霊　一部じゃなくて、沖縄は、もうほんとに、「こりゃこりゃ」で行けるようにしないとな。

仲井眞知事は「沖縄を中国に返すための使者」なのか

綾織　その一方で、普天間問題については、反基地運動などのなかに、中国側から大量の工作員や資金が入ってきていると思われるのですが。

仲井眞守護霊　それは、入ってるよ。

綾織　知事も、その工作活動の上に乗って、基地問題の判断をしてしまっていることになります。

仲井眞守護霊　その程度のことは知ってる。でも、私の支持者でもある人たちも多いし、資金も入っているしね。言っとくけど、私だって、あるいは、「中国からの潜入《せんにゅう》工作員」かもしれないからね。

綾織　知事の家系も、もともと帰化人の系統でいらっしゃいますよね。

仲井眞守護霊　私自身がそうかもしれないよ。君たちは疑ったほうがいいよ。

綾織　実際に、資金などが入っているのでしょうか。

仲井眞守護霊　私自身が、実は、あんたがたの考えとは逆で、「沖縄を中国に返すための使者」かもしれないよ。

酒井　それは本音ですか。

仲井眞守護霊　いや、冗談《じょうだん》と本音と半分ずつ。脅《おど》しもかけてる。

酒井　それは、日本に対する脅しですか。

仲井眞守護霊　うんうん。脅しもかけてる。だから、「中国でもいい」と言われたら、日本も困るだろうよ。

2　仲井眞知事の「本心」を探《さぐ》る

沖縄の戦死者と遺族たちの恨《うら》みは大きい

綾織　知事の意識としては、どういう状態ですか。「沖縄人」でしょうか。それとも、「日本人」でしょうか。

仲井眞守護霊　沖縄人は、少なくとも、前の戦争ですごい被害《ひがい》を受けて、その後、アメリカに支配された。

「アメリカの一部」になってからは、「日本に本土復帰したら、どんなにいいだろう。それは幸福だろう」と思っていたんだけど、日本に帰ってみたら、やっぱり、ヤマトンチュ（日本の本土の人々）は、ほんとに冷たいやつらでねえ。沖縄を犠牲《ぎせい》にする気がまだあるような気がして、しかたないねえ。

この気持ちが分かってもらえへんかなあ。

酒井　やはり、経済的な問題が非常に大きいわけでしょうか。

仲井眞守護霊　うーん。というか、意識的にも遠いよなあ。沖縄をリゾート地程度にしか思ってないんだろうからさあ。だから、ほんとに日本だと思ってるのかどうか、怪《あや》しい。うん。

酒井　もちろん、日本だと思っていますよ。

仲井眞守護霊　いやあ、それは、「軍事基地としては持っておきたい」という理由だけで言ってるんじゃないの？

酒井　それは、一般《いっぱん》の日本人の観点とは少し違《ちが》うと思いますが。

仲井眞守護霊　決断ですよ、決断。日本列島を見れば、空《あ》いてる土地はいっぱいあるんですよ。だから、いったんは「移転する」みたいなことを言って、「最低でも県外移転」と言った以上はね、誠意があるなら、鳥取砂丘《とっとりさきゅう》を平地《へいち》にならしてでも、やっぱりやるべきですよ。やらないといかんですよ。

酒井　もし、あのとき、鳩山《はとやま》さんが「県外移転」を言わなければ、このようなことにはなっていなかったのでしょうか。

仲井眞守護霊　うーん、言わなくても、こうなったかもしらんけど、少なくとも、「裏切られた」という感じは強いね。

「昔も裏切られた」という気持ちが、まだ残ってるわけよ。だから、最後に戦艦《せんかん》大和《やまと》が沖縄へ来る途中《とちゅう》で沈《しず》められたぐらいでは許さんよ。なあ？　三千人死んだぐらいでは許さんよ。

沖縄の、あの洞窟《どうくつ》のなかでね、火炎《かえん》放射器で焼き殺された人の身内たちの恨《うら》みや、崖《がけ》から万歳《ばんざい》して飛び降りていった人たちの悲しみ、その家族の恨みはね、そんなものでは済みませんよ。

私たちは、ほんとを言えば、あすこの宮城《きゅうじょう》前（皇居前広場）で、「沖縄県民百万人デモ行進」をやりたいぐらいですよ。

「日本も植民地になればよかった」と嘯《うそぶ》く仲井眞守護霊

酒井　ただ、東京でも、広島・長崎《ながさき》でも、大空襲《だいくうしゅう》や原爆《げんばく》投下を受けて数多くの人々が亡《な》くなっています。

仲井眞守護霊　日本も植民地になりゃよかったんだよ。

酒井　もし、植民地になっていたら、今ごろは、韓国《かんこく》と北朝鮮《きたちょうせん》のような状態になっていたかもしれません。

仲井眞守護霊　ならなかったじゃないか。沖縄だけ譲《ゆず》り渡《わた》して、ずるいやんか。

酒井　いや、そうなったら、日本の国自体がなくなっていたはずです。

仲井眞守護霊　だから、そんなんねえ、「特攻隊《とっこうたい》だ」なんて言わずに、もっと日本人は、ちゃんと沖縄県を守るべきだよ。

酒井　そういう方々の命によって、今、日本という国が残っているわけです。

仲井眞守護霊　要《い》らないんじゃない？　もう、こんな優柔不断《ゆうじゅうふだん》な国。

矢内　あなたが先の大戦についておっしゃっていることには、ある面、私たち本土の人間にも分かる部分もあります。

ただ、先ほど戦艦大和の話も出ましたが、実は、大和が沖縄戦に向けて特攻するに当たっては、「沖縄の人たちを救援《きゅうえん》するための物資を船内に満載《まんさい》していた」という事実もございました。

仲井眞守護霊　ばかじゃないの？　護衛機もないのに来たって、沖縄に着けるわけないじゃないか。それで救援物資を積んでたんだったら、ほんまに日本人はアホだわ。

矢内　そして、千五百人もの特攻隊の方が、沖縄戦で命を散らして……。

仲井眞守護霊　そんな人の殺し方するっちゅうのは、ほんとに、これは、「アメリカ人よりもはるかに落ちる」ということだな。

矢内　ただ、決して沖縄の方を見捨てたわけではなく、全力を尽《つ》くしたと思うのです。

仲井眞守護霊　私たちは何十年も見捨てられてきたんだからさあ。うーん、やっぱり、ちょっと残念だね。

矢内　日本に復帰してから四十年間、ずっと、本土から沖縄にさまざまな補助金がつぎ込《こ》まれてきました。私も何度か沖縄に行かせていただいておりますが、沖縄の市内を見ますと、かなりインフラも充実《じゅうじつ》していて、ある意味では本土よりも豊かになっている部分もあります。冷静に見ると、日本国が沖縄県民の方々を蔑《ないがし》ろにしていたような事実は、決してないと思うのです。

仲井眞守護霊　あのねえ、「本土よりも充実した」と言うならね、東京二十三区の人は、どんどん沖縄に来て、住まなきゃいけないわな。そんな事実はないからね。君ら、沖縄に来るったって、せいぜい三日ぐらいだからさ。三日もいたら、もう、することがない。「ハブ対マングースの戦い」ぐらいしか見るものがないからさ。あと、珊瑚礁《さんごしょう》を見て終わりだよな。うん。海外に行く金のない人が新婚《しんこん》旅行に来るぐらいだな。

矢内　でも、大切な一つの県でございます。

沖縄がファーストアタックを受けて炎上《えんじょう》する未来は避けたい

綾織　知事としての任期はあと何年かありますが、将来的なことも含《ふく》め、沖縄をどういう方向に持っていくのがよいとお考えでしょうか。やはり、「中国と日本の両方の顔色を見ながら、その間で何とか生きていく」というようなイメージなのでしょうか。

仲井眞守護霊　まあ、君らが言ってるほど、中国が怖《こわ》いのかどうかは、私には分からんからさあ。

いやあ、民主党政権になってからは、「中国と仲良くなって、うまくいくのかな」と思っていたからさあ。それだったら、米軍基地なんか減らしていったほうが、もっと仲良くなれるじゃないか。最初はそういうつもりだったんじゃないの?

それで、中国と仲良くする態度を示すために、「米軍基地をアメリカ本国に返すか、グアムあるいはハワイに帰ってもらうか、それとも、沖縄から県外に出すか」というのが、民主党政権の意図だったのではないのかなあ。うん。

酒井　ただ、仲井眞知事は、チベットやウイグルなど、そういった国の方々が、今、どうなっているかはご存じですか。

仲井眞守護霊　まあ、知ってるけども、歴史的に言えば、彼らの国が中国の領土だったことなんか、何度もあるわけだ。

酒井　もしそうだったとしても、現に、その地の多くの人たちが捕《つか》まえられ、「政治犯」として処刑《しょけい》されたり、殺されたりしている状況《じょうきょう》があるわけです。沖縄の方々が、それと同じようになってもよいのでしょうか。

仲井眞守護霊　だけど、日本の国民だった私たちは、米軍の〝生贄《いけにえ》〟にされて、もう大量虐殺《ぎゃくさつ》されたからねえ。だから、中国がもう一回そうしたからって、米軍とは違う。

酒井　それでは、「いい」ということなのですか。

仲井眞守護霊　どっちがいいか、分からない。あのね、沖縄には米軍基地があるから、少なくとも、次は核《かく》戦争の舞台《ぶたい》にされる可能性があるわけだ。

酒井　いいえ、核戦争の舞台になる危険性があるのは日本全土です。それは沖縄だけではありません。

仲井眞守護霊　いや、そんなことはない。どう見たって、ファーストアタックは沖縄ですよ。

酒井　いや、米軍基地はほかの地域にもあります。

仲井眞守護霊　いやいや、沖縄をまず叩《たた》かなければ……。

酒井　ただ、それはさておいても、現実に、中国共産党が今もそういった弾圧《だんあつ》をしていることは認識されていますか。

仲井眞守護霊　まあ、それはそうだけどね。

国レベルでの戦いをするのなら戦うべきだろうけれども、少なくとも、またしても沖縄が最初に血祭りに上げられるっちゅうか、ファーストアタックを受けて炎上《えんじょう》するような未来は、ごめんだね。

だから、ソウルはやられるかもしれないけども、沖縄がやられるのは避《さ》けたい。米軍基地を本土に移してくれれば、やられるのは本土だから、どうぞ本土のほうで責任を持って受け止めていただきたい。

酒井　いや、中国がまず欲《ほ》しいのは沖縄なんですよ。海がありますからね。中国は太平洋に出ていきたいのです。

仲井眞守護霊　別にいいよ、うん。琉球《りゅうきゅう》王国に戻《もど》ればいいんでしょう？　別にいいよ。琉球の風はいい風だなあ。

酒井　それは、仲井眞知事の「本音」でございましょうか。

仲井眞守護霊　うん？　半分ね。

酒井　「半分本音」ですか。交渉事《こうしょうごと》でおっしゃっているわけではないのですね。

仲井眞守護霊　日本が沖縄に対して、もうちょっと優《やさ》しくなれば考え方を変えてもいいけど。

国力が逆転すれば、中国の勢力圏《けん》に入るのは当たり前？

矢内　最近、ネットで少し話題になっているのですが、知事応接室のなかに、漢文で書かれた屏風《びょうぶ》がございまして、そこには、「以前、沖縄が琉球王朝だったときに、中国の支配下で、朝貢《ちょうこう》国として非常に発展した」というような内容の文章が書かれているとのことです。

こういうものを知事応接室に置かれているのは、仲井眞知事ご自身の認識として、もしかしたら、琉球王朝の末裔《まつえい》といいますか、「現代の琉球王朝」というようなイメージをお持ちだからではないでしょうか。仲井眞知事には、日本人という認識はございますか。

仲井眞守護霊　どっちかと言えば、中国南部や台湾のほうが（距離《きょり》的に）近いからねえ。だから、国としての力が逆転すれば、向こうの勢力圏《けん》に入るのは、歴史的に見れば当たり前だろうねえ。そうなりたくなければ、やっぱり、日本はもうちょっと強くならなければいけないだろうね。

だから、今、「私たちのほうが間違ってる」とは思ってないのよ。歴史の流れを見れば、今、アメリカが退潮していってるし、日本は没落中《ぼつらく》で、中国が日の出の勢いで大きくなってるんだから、地政学的に見て、沖縄に近い中国南部や台湾と仲良くしたほうが、はっきり言って発展する可能性が高いんだよ。九州よりも近いんですからね。日本のほうに特別に頑張《がんば》る気がなければ、そちらの経済圏に入ったほうが、有利なことが……。

酒井　では、「日本に頑張る気があれば、日本のほうがいい」ということですか。

仲井眞守護霊　そんなの、頑張った試《ため》しがないからね。

大阪《おおさか》に生まれ、大分《おおいた》に疎開《そかい》していた仲井眞知事

酒井　ところで、仲井眞知事は、ご自身の経験から、沖縄の戦争中や終戦のころの話をされていますが、その当時は、沖縄にいらっしゃったのですか。

仲井眞守護霊　うん？　どういうこと？

酒井　そのときに、沖縄にお住まいになっていましたか。

矢内　たぶん、本土のほうに疎開《そかい》されていたのではないでしょうか。

酒井　もしかして大阪《おおさか》か大分《おおいた》ではありませんか。

仲井眞守護霊　うーん、君たちは、何か悪いことを考えてるんじゃない？

矢内　いえいえ。

仲井眞守護霊　うん？　うん？　うん？　なんか、私が卑怯《ひきょう》者みたいな言い方をしようとしているんじゃない？

酒井　半分は卑怯者だと思っています。はい。

仲井眞守護霊　私が、なんか、前の鳩山みたいな人間だというふうに言おうとしているような……。

酒井　半分はそう思っています。

仲井眞守護霊　鳩山や菅《かん》の仲間みたいな言い方をしようとしてるんじゃない？

酒井　ええ、半分はそう思っています。

仲井眞守護霊　やっぱり君は……。さっきの人（馬英九《ばえいきゅう》守護霊）は、ほんとに正しいことを言ってたな。あの台湾の人は偉《えら》いわ。眼力《がんりき》がある。

酒井　いやいやいや。

綾織　当時、日本政府の判断として、子供たちを疎開させたんですよ。「沖縄の子供たちを、戦火のもとに置くわけにはいかない」ということで。

仲井眞守護霊　だから、自衛隊がどのくらい強いのか、はっきりさせていただきたいんだよ。

酒井　もし自衛隊が強ければ、あなたは基地をどうしますか。

仲井眞守護霊　もう、腰抜《こしぬ》けで、すぐに白旗なのと違うか？　金正恩《キムジョンウン》が「ミサイルをぶち込むぞ」と言ったときに、ほんとに戦えるのかい？

酒井　自衛隊の方々は、戦う気持ちを持っておられるでしょうけれども、あとは、憲法や法律の問題ですよ。

仲井眞守護霊　ほんまかね。誰《だれ》が持ってるんだよ。いったい、自衛隊の誰が持ってるんだよ。首相が命令しないかぎり、なーんもできないいんだろう？

酒井　いやいや、自衛隊の方々は、そういう気持ちを持っていますよ。

仲井眞守護霊　だけど、首相は……。

酒井　首相は、そういう気持ちを持っていないと思います。

仲井眞守護霊　首相は、金正恩さんとゆっくりと話をして、腹芸《はらげい》でやろうとするんだろうけど、その間《あいだ》にもミサイルが飛んでくるかもしれない。

中国に占領《せんりょう》されたら、「台湾・上海《シャンハイ》・香港《ホンコン》等と平和な海洋国家をつくる」

酒井　あなたは、「沖縄の人の気持ち」ということをおっしゃいますが、もし、中国に占領《せんりょう》されてしまった場合は、最終的に、沖縄も中国共産党の統制のなかに入るんですよ。それでいいのですか。

仲井眞守護霊　いや、残念だけどね、共産党は、そんなに強くないんですよ。君たちが思ってるほど強くないんですよ。共産党は北京《ペキン》を死守してるんであってね、中国南部は、もう支配できなくなってきてるんですよ。

酒井　その認識は間違っています。

仲井眞守護霊　本気で中国の南部を支配しようとしたら、政府が転覆《てんぷく》する可能性があるからね。経済的な格差の大きさは、アメリカなんかの比じゃないので、中国の国内全部で格差是正《ぜせい》問題に火がついたら、もう、あの政府はもたない。

酒井　政府がもたないかどうかは別として、人民解放軍が沖縄を占領したときには、どうなりますか。

仲井眞守護霊　人民解放軍が沖縄を占領したとき?

酒井　はい。

仲井眞守護霊　そのときは、沖縄は、台湾や上海《シャンハイ》、香港《ホンコン》などと貿易協定を結んで、平和な海洋国家をつくりますよ。ええ。

酒井　自由な貿易ができると思いますか。「金持ちは、みな敵だ」と言って殺される可能性だってあるんですよ。

仲井眞守護霊　そんなことはないですよ。それをやったら、北京政府は崩壊《ほうかい》して……。

酒井　ウイグルやチベットだってやられています。それを公表しないだけです。

仲井眞守護霊　あそこは貧しいからね。ウイグルやチベットやモンゴルなんか、金持ちはいないから、もう牛や馬と変わらないんだよ。

酒井　教育だって、全部、中国の教育に変わりますよ。

仲井眞守護霊　まあ、いいんじゃない？　日本の教育もひどいっていう噂《うわさ》だから。

酒井　それでは、あまりにもひどすぎませんか。それが「沖縄の人々の心」ですか。

仲井眞守護霊　それが「沖縄に生まれしことの不幸」なのよ。どうやったって幸福になれないんだ。

酒井　それはおかしいと思います。沖縄の方々だって日本人なんですよ。

仲井眞守護霊　いや、私たちはもう、半分は違うんだよ。

酒井　それは、あなたがそうであるだけで……。

仲井眞守護霊　沖縄人同士が話してる言葉を、あなたがたは、なんぼ聞いたって分からないんだからさ。

酒井　いや、分かるものもあります。

仲井眞守護霊　分からないんだよ。

酒井　いやいや、そんなことはないです。

中国による「日本崩壊《ほうかい》作戦」が着々と進んでいる

矢内　少なくとも、あなたは日本国の沖縄県知事なのですから、あなたには、沖縄の未来をそのように言う権利はないと思いますよ。

仲井眞守護霊　気分いいじゃないか。沖縄県知事がさあ、政府を潰《つぶ》せるんだから、面《おも》白《しろ》いじゃないか。

酒井　政府を潰したいわけですね。

仲井眞守護霊　いくらでも自由にできるんだからさ。心一つで、どうにでもできるんだから。

酒井　それでは、今、流行《はや》っている、大阪の地方自治なども……。

仲井眞守護霊　地方自治。いいですねえ。これは「日本崩壊《ほうかい》作戦」なんだからね。

酒井　それをやりたいわけですね。

仲井眞守護霊　「日本崩壊作戦」が進んでるのよ。君ね、「これも中国の作戦の一つだ」っていうことが分からないのかね。

酒井　いや、分かっていますよ。

綾織　知事は、それに乗っかっているわけですが、それでいいのですか。

仲井眞守護霊　え？

綾織　中国の作戦に乗っかって動いているわけですよね。

仲井眞守護霊　ええ。だから、私は沖縄省長官になるな。

綾織　ああ、それが目的ですか。

酒井　中国の作戦は、要するに、「沖縄の人たちが本土に対して憎《にく》しみを覚えるような工作を行う」ということです。今、中国がそれをやっていることをご存じですか。

仲井眞守護霊　それはやってる。どんどんやってる。十分知ってる。もう、側近にまでいるからね。

酒井　そのとおりにやられたのが、チベットなのです。民衆がチベット中央政府に対して憎しみを覚えるような工作を、中国はしたのです。

仲井眞守護霊　いやあ、それは君、君、もうねえ、それは古いのよ。

今の中国の若いエリートたちは、みんなアメリカに留学して帰ってきてるから、この若手のエリート、次の世代の人たちは、もう違うことを考えてる。年寄りたちが死ぬのを待ってるだけなんだよ。

酒井　ただ、中国は今、沖縄の方々が日本の中央政府に対して反感を抱《いだ》くようなことを工作しているのは事実ですよ。

仲井眞守護霊　中国は、あんたらみたいなねえ、そんな小さいことは考えてないの。「金をたっぷり貯《た》めたら、次は、ヨーロッパを買収してやろうか」と考えるぐらい、考えが大きいのよ。

中国に取り込《こ》まれている事実を隠《かく》そうとしない仲井眞守護霊

酒井　とにかく、今、沖縄が危ないことは事実なんですよ。

仲井眞守護霊　それはそうでしょうよ。それはもう……。

酒井　沖縄県民は乗せられているのです。

仲井眞守護霊　要するに、嫌《きら》いなのは米軍だけでしょうよ。米軍のいない、ただの日本だったら、沖縄なんか、もう三日もあれば占領できますからね。

酒井　ただ、県民が洗脳されているなかで、あなたもそれを煽《あお》るようなことを言っているというのは、やはりおかしいですよね。

仲井眞守護霊　だけど、反中国の姿勢を貫《つらぬ》くことは、どういうことかっていうと、次は沖縄が戦場になるということだからね。

酒井　いや、戦場になる前に、占領されてしまう可能性があります。

仲井眞守護霊　いずれにしても戦場になりますよ。

矢内　戦場にならないように、日米同盟をしっかりと堅持《けんじ》することが大切だと思います。

仲井眞守護霊　だから、「占領される」と見たら、いち早く降服しますから。あとは本土で戦ってください。

矢内　もし沖縄が中国に取られて属領になったりしたら、日本の国そのものが中国の属国になってしまう可能性が高いのです。沖縄は、そういう地政学的な要衝《ようしょう》であるわけですが、知事は、日本という国がどうなってもよろしいのでしょうか。

仲井眞守護霊　今、日本は経済で中国に負けてきたんだからさあ。あとは、一人当たりのＧＤＰが、もうちょっと上がってくれれば、まあ、中国もきっと住みよい国に変わるだろうねえ。うーん。

矢内　ただ、沖縄が、もし中国の一部になった場合、沖縄県民の方々は、今のチベットやウイグルや内《うち》モンゴルのように、人権を奪《うば》われ、地位を奪われ、歴史も言語も奪われて、本当に奴隷《どれい》のような状況になってしまうんですよ。

仲井眞守護霊　いや、私たちは、今もそうなってるからね。今も日本の奴隷になってるから、一緒《いっしょ》だよ。

酒井　しかし、あなたには自由があるではないですか。そうやって中央政府に反対しても、別に粛清《しゅくせい》されませんよね。

仲井眞守護霊　いやあ、中国が粛清してくれるんだったら、それは気持ちいいじゃないか。

酒井　中国だったら、あなたは粛清されてしまいますよ。

仲井眞守護霊　ええ?

酒井　それでいいのですか。

矢内　あなたがいちばん危ないです。いちばん最初に粛清されると思います。

仲井眞守護霊　いや、そんなことないですよ。私は、変わり身が早くて、すぐに変身しますからね。すぐ中国人に変わりますから、別に構いませんよ。

酒井　ある本によれば、「仲井眞知事も、かなり中国に取り込《こ》まれている」とのことですが。

仲井眞守護霊　ええ。「かなり」って、そらあ、もう、半分は、いってますよ。

酒井　半分も取り込まれているのですか。

仲井眞守護霊　うんうん。半分は、いってますよ、もう。

綾織　すでに中国共産党政府側と話をしているのですか。

仲井眞守護霊　まあ、直接にはやりませんけどね。直接はやりませんが……。

綾織　なるほど。間接的に話をしているわけですね。

仲井眞守護霊　それはもう、「全権を持ってる」とか称《しょう》する人は、たくさん来ますよ。

3 仲井眞知事の「過去世《かこぜ》」と「カルマ」

南宋《なんそう》の首都に生まれ、日本を劣等国《れっとうこく》と見ていた

綾織　少し宗教的なことについてお訊《き》きします。あなたは、過去、いろいろな所に生まれておられると思いますが、琉球《りゅうきゅう》に生まれていたことはありますか。

仲井眞守護霊　うーん、うーん……。琉球ではないような気がするなあ。

綾織　では、中国の周辺の国ですか。

仲井眞守護霊　うーん。何となく南京《ナンキン》っていう都市に、私は縁《えん》を感じる。

酒井　それは、いつごろの時代ですか。

仲井眞守護霊　うーん、南京というか、南京のあたりだけど、あの「南京」の字じゃ

ないな。「金」という字が見えるから、これは南宋《なんそう》の時代かなあ。南宋の首都かな？うーん、そのあたりにいたな。（注。十二世紀に、中国の東北地方に女真族《じょしん》の「金《きん》」が成立し、その後、南下して宋の都《みやこ》・開封《かいほう》を占領《せんりょう》。宋は南遷《なんせん》して華南《かなん》地方に「南宋」を建てた。首都は臨安《りんあん》〔現在の杭州《こうしゅう》市〕で、比較《ひかく》的、南京に近い。なお、金は、その後、モンゴルと南宋に挟撃《きょうげき》されて、一二三四年に滅亡《めつぼう》した。）

酒井　南宋のころですね。日本に対しては、どういう気持ちを抱《いだ》いていましたか。

仲井眞守護霊　日本に対しては、「劣等国《れっとうこく》だ」と見てたよ。うん。

酒井　なるほど。守護霊さんとしては、今もそういう気持ちはありますか。

仲井眞守護霊　もちろん。それはそうですよ。中国は大国ですから。日本は倭国《わこく》といって、要するにバイキングなわけですからね。

酒井　では、「最終的に、日本は中国の属国になったほうがいい」と思っておられますか。

仲井眞守護霊　「バイキングが属国になるかどうか」なんて、そんなの、世界史的には大したことじゃないよ。

酒井　守護霊さんとしては、大したことではないんですね。

仲井眞守護霊　だから、バイキングをやっていたときのイギリスみたいなもんだからさ。

酒井　そうすると、「大中華帝国《ていこく》」というのは、あなたの気持ちのなかには、やはりうれしい気持ちがありますか。

仲井眞守護霊　私はその支配者じゃないから、別にそんな気持ちはないけどもねえ。まあ、いろいろな時代に、権力は変遷するからさあ、それは分からないけど、少なくとも、日本軍の最後の負け方、および、その後の落とし前のつけ方、沖縄に対する態度、アメリカに対する態度など、いろいろ総合すると、やっぱりこの国は〝軟体動物《なんたいどうぶつ》〟だわな。背骨が通ってないからな。

酒井　基本的に、中国に対するシンパシーはかなり強いということですか。

仲井眞守護霊　うーん、そらあ、中国人がいっぱい日本に帰化したくなるようならば、日本はいい国なのかもしらんけど、今、だんだん、中国もよくなってきつつあるからねえ。

酒井　例えば、あなたは、上海《シャンハイ》―那覇《なは》便を赤字であっても維持《いじ》していますよね。

仲井眞守護霊　うーん。まあ、見解の相違《そうい》はあるけどさあ、みんな郷土愛みたいなもんがあるのよ。あんたがたにもあるかもしらんけどさ。郷土愛みたいなものは、みんなあるわけでね。

いやあ、こちらだけ心配しても〝あれ〟だよ。北方四島では、ロシア軍が防衛の訓練をしてるんだからね、北海道だって気をつけなきゃいけないよ。米軍は北海道にも移動しなくっちゃ。ほんと広いからね。うーん、そっちも分かんないよ。

「侵略《しんりゃく》されるカルマ」「大虐殺《だいぎゃくさつ》を受けるカルマ」がある

綾織　すみません、先ほどの南宋の話に戻《もど》るのですが、どういうお立場でしたか。

仲井眞守護霊　うーん、ちょっと、元《げん》が南下してきてたころで、宋が縮んで南のほうに来ているころだったような気がする。

綾織　チンギス・ハンが攻《せ》めてきたのですか。

仲井眞守護霊　うーん、チンギス・ハンなのかなあ。ちょっと分からない。

綾織　その先兵《せんぺい》が来たんですね。

仲井眞守護霊　その前の段階かな。うん。侵略《しんりゃく》されて、宋という国が南のほうに逃《に》げてきていたころだね。大虐殺《だいぎゃくさつ》はよく受けるのよ、いつも。

綾織　今まさに、それが沖縄で起ころうとしているわけですね。

仲井眞守護霊　そういうカルマはあるのでね。

綾織　まさにカルマですねえ。

仲井眞守護霊　うん。だから時流をよく読まないといけない。

綾織　その教訓を汲《く》み取ることができなければ、過去世《かこぜ》のときと同じように虐殺されてしまうことになりますよ。

仲井眞守護霊　いや、逆になるかも分からないよ。

綾織　（苦笑）いやいや、今、中国にチンギス・ハンが生まれていますので……。

仲井眞守護霊　だから、中国軍に代わって、沖縄が九州を攻め取るかもしれないよ。

綾織　そこでまた、虐殺が起きますね。

仲井眞守護霊　まあ、鹿児島《かごしま》ぐらいなら取れるかもしれないな。

4　沖縄を守る気が本当にあるのか

「沖縄担当副総理」のポストを要求する仲井眞守護霊

酒井　今、幸福実現党がデモなどをいろいろと行《おこな》っていることについては、どう思っておられますか。

仲井眞守護霊　ああ、それは、頭が悪いのと違《ちが》う？　あんたら、ちょっとピントがずれてるんじゃない？　ばかじゃないの？

酒井　「ばかな動きをしている」と見ておられるのですね。

仲井眞守護霊　うん。まあ、ばかにしか見えないよな。誰《だれ》も支持してないじゃない？

酒井　沖縄の幸福実現党の金城《きんじょう》氏（二〇一〇年の沖縄県知事選に立候補）については、

どう思われますか。

仲井眞守護霊　金城？　あれは、ほんと、県民の恥《はじ》なんじゃない？

酒井　県民の恥ですか。

仲井眞守護霊　うん。ばかじゃないの？　流れが全然読めてないから。

酒井　何をもって「ばか」だと？

仲井眞守護霊　まあまあ、だって、もう、奴隷《どれい》じゃないか。

酒井　誰の奴隷ですか。

仲井眞守護霊　奴隷。走狗《そうく》。考える力が何もないじゃないか。

酒井　誰の走狗ですか。

仲井眞守護霊　あんたのだよ。

酒井　彼は別に、私の走狗などではありませんよ。

仲井眞守護霊　あんたに完全洗脳されている。〝北京《ペキン》政府〟がここにあるんだよ。ここは〝北京政府〟だよ。

矢内　今、沖縄県の幸福実現党の党員は、本当の意味で、沖縄を守るために、日本を守るために立ち上がり、戦っております。

仲井眞守護霊　知らんなあ。そんなの、君ら百人ぐらいが歩くだけだろう?

矢内　少なくとも、あなたよりは、本気で沖縄を守ろうとしております。

仲井眞守護霊　私は、そんなことより、沖縄が戦場になることを避《さ》けたいな。

酒井　それだけですか。もっとほかに本当の意図があるのではないですか。

仲井眞守護霊　意図?　うーん、まあ、大阪《おおさか》があんなに面白《おもしろ》いことをし始めたので、沖縄を収めたかったら、「私を首相にする」という考えもあるかもしれないね。そのくらいしなきゃいけないかもしらんね。うん。

まあ、その前のステップとして、まず私を沖縄担当副総理ぐらいに置くと、県民の気持ちはすごく安らぐだろうね。

「日本脱出《だっしゅつ》計画」を立てて早く逃《に》げたほうがいい

矢内　最後に、一つ、お聴《き》かせいただきたいことがあります。次期国家主席の習近平《しゅうきんぺい》氏は、「チンギス・ハンの生まれ変わりだ」と言われていますが……。

仲井眞守護霊　ふーん、ああそう。じゃあ、勝てない。じゃあ、勝てないな。

矢内　あなたの目には、習近平は、どのように見えますか。

仲井眞守護霊　いやあ、私は、それはよく分かんねえけどさあ、もし、チンギス・ハンだったら、もう勝てない。それはもう負けるわ。じゃあ、逃《に》げよう。早く逃げたほうがいいわ。あなたがたも日本からの脱出《だっしゅつ》計画を早く立てて、「どこの国だったら引き受けてくれるか」を考えたほうがいいよ。

オーストラリアに砂漠《さばく》地帯があるから、あそこを早く灌漑《かんがい》して農地に変えて、逃げられるようにしといたほうがいいのと違うか。

矢内　ただ、日本は、かつての元寇《げんこう》のときに、天上界《てんじょうかい》の指導も受けながら、しっかりと国を守り抜《ぬ》きました。今回も必ず守り抜きます。

仲井眞守護霊　それは、英雄《えいゆう》が出てこなきゃ駄目《だめ》だろうな。今の日本は英雄が出られない時代だからねえ。英雄が出なきゃ駄目だろうな。まあ、そういう求心力の強いカリスマが出れば、話は別だろうけど……。

うーん、中国の習近平が、十年ぐらい、やりたい放題、世界戦略をやったら、それはそうとうなものになるだろうなあ。彼は、アメリカをハワイまで叩《たた》き返すつもりでいるし、ヨーロッパも、かなりの部分を実質上支配する気でいるので、沖縄なんか、そんなもん眼中にないよ。彼が考えてることは、もっともっと、ずーっと大きいからね。

ロシアも、今、「シベリアやサハリン地区を中国に取られないように防衛しなくちゃいけない」と、緊張《きんちょう》が走っているような状況《じょうきょう》だからさ。

君らなあ、もし彼がチンギス・ハンだったとしたら、沖縄なんちゅうのはねえ、それはもう、蚤《のみ》を潰《つぶ》すようなもんですよ。彼はその程度にしか思ってないですから。うん。もっと大きいことを考えてるよ。

だって、フィリピンも、ベトナムも、カンボジアも、タイも、それからミャンマーも全部取る気でいるのに、沖縄なんか、とっくに取られてしまうよ。そんなの当たり前じゃないか。

矢内　ただ、逆の観点からすれば、「沖縄は、中国に対して匕首《あいくち》を突《つ》きつけているような戦略的位置にある」とも言えます。

仲井眞守護霊　沖縄県民を東京都に住まわせて、東京都民を沖縄に移して防衛させてくれるのならいいよ。

矢内　幸福実現党は、沖縄をしっかりと防衛すると同時に、中国の民主化に向けて頑《がん》張《ば》ってまいります。

仲井眞守護霊　首相官邸《かんてい》を沖縄に持ってきたらいいんじゃない？　私が入るからさ。

酒井　それでは、本日はどうもありがとうございました。

「私は失言などしていない」というのは本当か

仲井眞守護霊　何だか、すっきりしないなあ。君ら、頭悪いんじゃねえか、ほんとに。

酒井　いやいや。

仲井眞守護霊　え？　頭悪いんじゃないか。ジャーナリストとしては三流だな。

酒井　もう結構でございます。

仲井眞守護霊　やっぱり駄目だね。君ねえ、私から何か失言を引き出せないようじゃ、ジャーナリストとしては三流だよ。「ザ・リバティ」、潰れるぞ。

綾織　十分に失言していただいていますので、大丈夫《だいじょうぶ》です。ありがとうございます。

仲井眞守護霊　え？　失言なんか一言《ひとこと》もしてないよ、私は。

酒井　失言しておられないですか。

仲井眞守護霊　ええ。完璧《かんぺき》な防衛理論が働いたと思うよ。

酒井　はい、〝完璧〟でしたね。

綾織　そのとおりですね。

仲井眞守護霊　何か失言したか？　どこが失言したの？

酒井　「中国に半分洗脳されている」とか。

仲井眞守護霊　それは失言じゃない。正論じゃないか。

酒井　え？　あれは正論ですか。

仲井眞守護霊　うん。失言じゃない。それは正論だよ。何言ってんのよ。

酒井　あれは本気だったのですか。

仲井眞守護霊　本気だよ。当たり前じゃないか。

酒井　冗談《じょうだん》かと思いましたよ。

仲井眞守護霊　だって、中国はアジアを全部支配する気でいるんだから、沖縄も入るに決まってるじゃないか、そんなの。

酒井「仲井眞知事が工作員にやられている」というのは本当なのですか。

仲井眞守護霊　やられてるよ。当然ですよ。当たり前だ。

酒井　いや、冗談でしょう?

仲井眞守護霊　当たり前ですよ。とっくにやられてますよ、そんなの。

酒井　それでは、やはり本当なんですね。

仲井眞守護霊　私は大和《やまと》民族にいじめられたからね。この記憶《きおく》っちゅうのは、なかなか抜けないからね。

酒井「大和民族にいじめられた記憶」というのは、いつのことですか。それは、今回、お生まれになる前のことですか。

仲井眞守護霊　いや、今回だよ。

酒井　今回ですか。それはおかしいですねえ。

仲井眞守護霊　だから、「本土の東京にいる」という理由だけで、君みたいなのが威《い》張《ば》るわけだよ。

酒井　私は全然、威張っていません。

仲井眞守護霊　威張ってるよ。さっきの人だって怖《こわ》がってたじゃない？

酒井　いえいえ、そんなことはないですよ。

仲井眞守護霊　ええ？　台湾の総統が怖がってたじゃないか。

酒井　怖がってはいませんでした。「ばか」って言われていたぐらいですから。

仲井眞守護霊　〝馬《うま》〟を怖がらせるんだから、君は、虎《とら》かライオンか、なんかそんなようなもんだよ。まあ、私は、失言は一つもした覚えはないよ。まったくない。

酒井　そうですね。はい。

綾織　本当にありがとうございました。

仲井眞守護霊　こんなんで、いいのかい？

綾織　私たちは、南宋《なんそう》の二の舞《まい》にならないように頑張ります。

仲井眞守護霊　え？　どこの二の舞？

綾織　南宋の二の舞にならないように頑張りますので、ありがとうございました。

仲井眞守護霊　南宋の二の舞……。

酒井　仲井眞知事ご自身は結構ですが、ただ、沖縄の方々を巻き添《ぞ》えにしないようにしていただきたいと思います。

仲井眞守護霊　それは、日本政府に言ってくれ。

酒井　はい。日本政府に申し上げます。ありがとうございました。

5 思想戦によって、中国を「自由な国」に

台湾総統と同じような立場にある沖縄県知事

大川隆法　何だか、馬英九《ばえいきゅう》総統の守護霊と似たような感じでしたね。やはり立場が似ているからでしょうか。

酒井　そうですね。

大川隆法　沖縄は、歴史の流れによって、どのようにでも巻き込《こ》まれる可能性を持っているのでしょうか。何だか、そんな感じですね。まあ、その立場に置かれれば、そのようになるのかもしれませんが、日和見《ひよりみ》で、どちらにでもなるような感じでした。

要するに、「主戦論を唱えたら戦場になる」というのを、沖縄も感じているわけです。馬英九守護霊も、「『台湾を戦場にしない』ということで、自分は支持されている」と

いう言い方でしたからね。
　その意味では、正義とか善悪とか、そういった問題としては考えていないようですね。

酒井　「反戦や平和を唱えているうちに、領土を取られてしまう」というパターンだと思います。

大川隆法　まあ、ややこしいですが、「半分は中国に洗脳されている」ということでしたから、これを説得できないようでは、今後の中国政府の激しいハードネゴシエーションには対抗《たいこう》できないでしょうね。「尖閣《せんかく》諸島は、もともと中国のものだった」というあたりから始まって、次に、「実は、対馬《つしま》も元寇《げんこう》のときにもらっていた」などと言い出すかもしれません。

酒井　それが中国の常套《じょうとう》手段です。

大川隆法　中国は、現実に、十三億から十四億になる人口を養わなければいけないので、資源の確保、食料の確保のために、今、世界中に戦略を立てているのは間違《まちが》いありません。一方、日本のほうは国家戦略がない状態に近いので、この部分は、やはりきっちりと固めなければいけないでしょうね。

酒井　はい。国の問題は非常に大きいと思います。

大川隆法　しかし、そうは言っても、自衛隊のところが、憲法上、非嫡出子《ひちゃくしゅつし》風な感じであり、その存在が正当に認められているとは必ずしも言いがたい状態なので、なめられているのは事実です。中国にとって怖《こわ》いのは、アメリカが、強力に「日本を守る」と言ってきたときだけでしょう。

アメリカが民主党政権のときには、「中国と取引したほうがよいのではないか」という感じがあって、「日本を取るか、中国を取るか」というのを、何度も天秤《てんびん》にかけてきます。以前、中国は、「台湾を取るか、中国本土を取るか」をアメリカに迫《せま》り、台湾のほうを切らせました。それと同じように、今度は、「日本を取るか、中国を取るか」ということを、もう少し経済規模が大きくなったら、アメリカに迫るかもしれません。

一説によれば、「二〇一六年に中国はアメリカの経済規模を抜《ぬ》く」とも言われているので、日本が現在のままであれば、そのときに、日本の経済規模は中国の半分ぐらいになってしまうでしょう。それくらいになったら、かつての台湾と同じことが起きるかもしれないということですね。強力な巻き返しができないかぎり、そういうこともありうるわけです。

「神意《しんい》」を受けてレジスタンスを行う覚悟《かくご》が必要

大川隆法　ただ、二人とも、はっきりと言わなかったことがあります。台湾の方は、アメリカでいろいろなものを学んだのでしょうが、台湾に戻《もど》ってきたら、「理念的なものによって、国民を引っ張っていくわけにはいかない。そういう理念よりも現実のほうが大事だ」と考えている感じはありましたし、沖縄の方のほうにも、そのような感じが少しありました。

いずれにしても、独自に理念を強く打ち出して、「これが正義だ」ということを固めた場合、下手《へた》をすれば、戦争や、大量の人が死ぬようなことまで覚悟《かくご》しなければいけなくなりますが、「そこまでレジスタンス（抵抗運動《ていこう》）をするだけの覚悟はない」ということでは共通しているようですね。

ただ、そういう覚悟が必要なときもあるのではないでしょうか。

先日、私はジャンヌ・ダルクの霊言《れいげん》を収録しましたが（二〇一二年二月十九日）、イギリス国王がフランス国王を兼《か》ねていて、フランスが併合《へいごう》されて消滅《しょうめつ》するかどうかの瀬戸際《せとぎわ》のときに、「フランス人のフランス国王を立てて、イギリスを追い出し、フランスの独立を守れ」という神の命《めい》が下《くだ》ったのです。

それまでは、王族もフランスとイギリスを行ったり来たりし、親戚《しんせき》関係を結んでいて、どちらの王族なのかが分からないぐらい、いいかげんな感じでしたが、「フランスという国をきちんと守れ」という神意《しんい》が降りて初めて、「フランス国民」という意識がはっきりと芽生えたわけですね。

今も、「神意」が降りてくるときなのではないでしょうか。そのへんは、神の計画と全部かかわっているのであり、「神の目から見て、何が正しいか。どちらの方向へ持っていきたいか」ということが大事なのです。

「自由を認めない中国」に覇権《はけん》を許すつもりはない

大川隆法　今は、中国南部や、香港《ホンコン》、台湾等は、経済的に繁栄《はんえい》していて儲《もう》かるので、CNNなども香港でアジアのニュースを中継《ちゅうけい》していますが、香港が本当に中国の支配下に入ったら、テレビ局自体が成り立たなくなるでしょう。

例えば、一九八〇年代のレーガン政権のときに、旧ソ連では、レーガンのベルリン演説を報道していたテレビ放送が途中《とちゅう》でブラックアウトしました。ベルリンでの演説はケネディも行っていますが、ああいう国では、自分の国に都合《つごう》の悪い内容は、映像がすぐにブラックアウトして流れなくなり、国民に知らせないようにするのです。

レーガンは、「ゴルバチョフよ、ベルリンに来なさい。そうしたら、自由というものがどれほど大事かが分かる」というようなことを演説で言っていましたが、中国に関しても同じようなことが言えますね。

ですから、国家に支配され、それに抗しないことに慣れている人たちには、実際に自由というものを味わってみないと、その価値が分からないところがあるのです。

そうは言っても、日本では、幸福実現党が「野田政権退陣《たいじん》」を訴《うった》えるデモを行《おこな》っても、誰《だれ》も逮捕《たいほ》されたりしません。やはり、こういう違いはあるわけです。例えば、当会が、朝日新聞の左翼《さよく》的な思想について批判をしても、朝日新聞に私の霊言集の広告がきちんと載《の》ります。これが言論の自由なんですよね。

要するに、「言論の自由を保障して自由に意見を言わせないと、正しいものが出てこない」ということが、今の中国政府には分かっていません。彼らは、昔の宗教裁判と同じように、「異端《いたん》と思うものは全部潰《つぶ》す」という考え方をしており、「国が揺《ゆ》れること自体が悪だ」と考えているようです。これは、日本で言えば、幕末の安政《あんせい》の大獄《たいごく》によく似た感じであり、明治維新《いしん》前の時代のように見えます。

かつて孫文《そんぶん》は、「日本は、明治維新で、ヨーロッパが三百年かかったことを三十年で成し遂《と》げた。中国は、それを三年で成し遂げよう」と言って、辛亥《しんがい》革命を行いましたが、中国では、安政の大獄のような明治維新前の幕府の大弾圧《だんあつ》のときを、今、迎《むか》えようとしているようにも見えます。

習近平《しゅうきんぺい》が出てきて、これから大弾圧を加えるのではないでしょうか。実際、ノーベル平和賞受賞者の友人たちなどは、すでに中国から逃《に》げ始めています。これは、「次の主席のときに、また、文化大革命のような粛清《しゅくせい》が行われるのではないか」ということを感じ始めているからでしょう。

今の中国は、一生懸命《いっしょうけんめい》に「強いぞ、強いぞ」と見せようとしていますが、そのまま押《お》されていくと、そのような大弾圧が平気で行われるようになると思われます。天安《てんあん》門《もん》事件のときにも大量虐殺《ぎゃくさつ》があったと思いますが、「誰が殺され、何人死んだのか」ということさえ、いまだに分からない状況《じょうきょう》です。

先般《せんぱん》の中国版新幹線の事故でも、落下した車両を、すぐに穴を掘《ほ》って埋《う》めてしまいました。「うちの主人がまだ帰ってこない」と言っても、「もう土のなかに埋まっているので確認のしようがない」というようなことが平気でまかり通る国なので、本当の意味での民主主義社会には、まだ、はるかに遠いと思いますね。

オバマ大統領が言ったとおり、基本的に、中国には人権の概念《がいねん》がありません。人権の概念がなく、人間は国家の手段にしかすぎないのです。そういう意味では、農奴《のうど》、つまり農民が奴隷《どれい》のような状態の時代と変わらないぐらいのイメージで国民を見ていて、「共産党員だけがエリートだ」と考えているように思われます。だから、共産党員のなかで選挙が行われることをもって、「民主主義だ」と考えているのでしょう。

ただ、思想的に一種類の色に染まっていると、そういうことが分からないと思いますので、やはり思想戦で頑張《がんば》らなければいけません。

中国本土のほうは、神様を信じていない国ですからね。神様を信じていないし、あの世だって公式には認めていない国です。信教の自由を認めず、言論の自由を認めず、表現の自由を認めないような国には、基本的人権がないのです。私には、そういう国に覇権《はけん》を許し、大きな世界戦略によってほかの国まで支配するようなことを許す気はありません。それを許すと、基本的に不幸な人が増えると思います。

したがって、いざというときには「別な手」も使いますが、彼らが「無制限に発展できる」と思っているのなら甘《あま》いと思います。

まあ、思想戦がしばらく続くかもしれませんね。

酒井　ありがとうございました。

大川隆法　はい。それでは、以上とします。

あとがき

台湾と沖縄が中国に吸収合併されたなら、日本が中国の植民地になるのは時間の問題だろう。それは、やがて東アジア全域に及ぶ大中華帝国へ道を開くことになるだろう。

しかし、肝心《かんじん》のその中国たるや、無神論、唯物論の国家で、実質上国民に基本的人権はない。共産党一党独裁の、信教の自由も、言論・出版、結社の自由も認められない恐るべき権威《けんい》主義国家である。

自由が認められないところに繁栄は生じない。国としての国家戦略、外交戦略を打ち樹《た》てずして、日本にも未来はない。映画「ファイナル・ジャッジメント」（本年6月公開）のようになるだろう。

今こそ、国民に勇気と気概《きがい》が必要である。

二〇一二年　三月二十九日

幸福《こうふく》の科学《かがく》グループ創始者兼総裁《そうししゃけんそうさい》　大川隆法《おおかわりゅうほう》

『台湾と沖縄に未来はあるか?』大川隆法著作関連書籍

『温家宝守護霊が語る 大中華帝国の野望』(幸福実現党刊)

『世界皇帝をめざす男』(同右)

『孫文のスピリチュアル・メッセージ』(幸福の科学出版刊)

台湾《たいわん》と沖縄《おきなわ》に未来《みらい》はあるか？
――守護霊インタヴュー
馬英九台湾総統 vs. 仲井眞弘多沖縄県知事――

2012年4月10日　初版第1刷
2012年4月27日　　　第2刷

著　者　　大《おお》 川《かわ》 隆《りゅう》 法《ほう》

発　行　　幸福実現党
〒107-0052 東京都港区赤坂2丁目10番8号
TEL(03)6441-0754

発　売　　幸福の科学出版株式会社
〒142-0041 東京都品川区戸越1丁目6番7号
TEL(03)6384-3777
http://www.irhpress.co.jp/

印刷・製本　株式会社 堀内印刷所

落丁・乱丁本はおとりかえいたします
©Ryuho Okawa 2012. Printed in Japan. 検印省略
ISBN978-4-86395-193-8 C0030
Photo: 読売新聞/アフロ, ロイター/アフロ

幸福実現党
THE HAPPINESS REALIZATION PARTY

党員大募集！

あなたも 幸福実現党 の党員になりませんか。

未来を創る「幸福実現党」を支え、ともに行動する仲間になろう！

党員になると

○幸福実現党の理念と綱領、政策に賛同する 18 歳以上の方なら、どなたでもなることができます。党費は、一人年間 5,000 円です。
○資格期間は、党費を入金された日から 1 年間です。
○党員には、幸福実現党の機関紙が送付されます。

申し込み書は、下記、幸福実現党公式サイトでダウンロードできます。

幸福実現党 本部　〒104-0061 東京都中央区銀座 2-2-19　TEL03-3535-3777　FAX03-3535-3778

幸福実現党のメールマガジン“HRP ニュースファイル”や“Happiness Letter”の登録ができます。

動画で見る幸福実現党――幸福実現ＴＶの紹介、党役員のブログの紹介も！

幸福実現党の最新情報や、政策が詳しくわかります！

幸福実現党公式サイト

http://www.hr-party.jp/

もしくは 幸福実現党 検索

大川隆法 ベストセラーズ・日本の平和を守るために

平和への決断

国防なくして繁栄なし

軍備拡張を続ける中国。財政赤字に苦しみ、アジアから引いていくアメリカ。世界の潮流が変わる今、日本人が「決断」すべきこととは。

【幸福実現党刊】

第一部　日米安保と太平洋戦争の真実
第1章　日米安保改定をめぐる「決断」
第2章　太平洋戦争の勝敗を分けたもの
第3章　国防と平和に関する対話〔質疑応答〕
第二部　真の世界平和を目指して
第4章　国境を守る人々へ
第5章　この国を守る責任
第6章　平和への決断

1,500円

日本武尊の国防原論

緊迫するアジア有事に備えよ

アメリカの衰退、日本を狙う中国、北朝鮮の核——。緊迫するアジア情勢に対し、日本武尊が、日本を守り抜く「必勝戦略」を語る。

【幸福実現党刊】

- 米大統領選から読み解く国際情勢
- 「核ミサイル防衛」についての考え方
- 「中華帝国主義」を粉砕するために
- 沖縄を守るための思想戦　　ほか

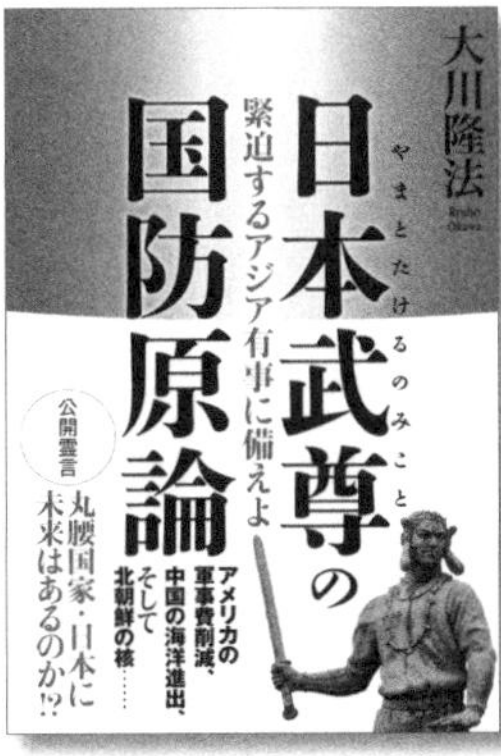

1,400円

幸福の科学出版　　※表示価格は本体価格（税別）です。

大川隆法ベストセラーズ・アジア情勢の行方を探る

孫文のスピリチュアル・メッセージ
革命の父が語る中国民主化の理想

中国や台湾で「国父」として尊敬される孫文が、天上界から、中国の内部情報を分析するとともに、中国のあるべき姿について語る。

1,300円

韓国 李明博大統領のスピリチュアル・メッセージ
半島の統一と日韓の未来

ミサイル発射、核開発――。暴走する北朝鮮を、韓国はどう考えているのか。大統領守護霊が韓国の外交戦略などを語る。
【幸福実現党刊】

1,300円

ロシア・プーチン新大統領と帝国の未来
守護霊インタヴュー

中国が覇権主義を拡大させるなか、ロシアはどんな国家戦略をとるのか!? また、親日家プーチン氏の意外な過去世も明らかに。
【幸福実現党刊】

1,300円

※表示価格は本体価格(税別)です。

大川隆法ベストセラーズ・**北朝鮮・中国指導者の本心**

北朝鮮
―終わりの始まり―

霊的真実の衝撃

「公開霊言」で明らかになった北朝鮮の真実。金正日が自らの死亡前後の状態を、後継者・金正恩の守護霊が今後の野望を語る。

【幸福実現党刊】

1,300円

世界皇帝をめざす男

習近平の本心に迫る

中国の次期国家主席・習近平氏の守護霊が語る「大中華帝国」が目指す版図とは？ 恐るべき同氏の過去世とは？

【幸福実現党刊】

1,300円

温家宝守護霊が語る
大中華帝国の野望

同時収録 金正恩守護霊インタヴュー

温家宝首相の守護霊が、日本侵略計画や対米戦略の本心を語る。さらに北朝鮮の新たな指導者・金正恩の心の内を明らかにする。

【幸福実現党刊】

1,500円

大川隆法 ベストセラーズ・日本経済を救うには

国家社会主義への警鐘

増税から始まる日本の危機

幸福実現党・名誉総裁と党首が対談。保守のふりをしながら、社会主義へとひた走る野田首相の恐るべき深層心理を見抜く。

【幸福実現党刊】

1,300円

財務省のスピリチュアル診断

増税論は正義かそれとも悪徳か

財務省のトップへ守護霊インタヴューを敢行! 増税論の真の狙いとは? 安住大臣と、勝事務次官の本心に迫る!

【幸福実現党刊】

1,400円

日銀総裁とのスピリチュアル対話

「通貨の番人」の正体

デフレ不況、超円高、財政赤字……。なぜ日銀は有効な手を打てないのか!? 日銀総裁・白川氏の守護霊インタビューでその理由が明らかに。

【幸福実現党刊】

1,400円

幸福の科学出版

※表示価格は本体価格(税別)です。